PROCÈS

DE

M. DROUILLARD

ET CONSORTS.

Imprimé, à Angers, par Cornilleau et Maige.

PROCÈS

DE

M. DROUILLARD

Député de Quimperlé,

ET

CONSORTS

DEVANT

LA COUR D'ASSISES DE MAINE ET LOIRE.

ANGERS,

CORNILLEAU ET MAIGE, IMPRIMEURS-ÉDITEURS,

Place Saint-Martin.

1847.

PROCÈS

DE

M. DROUILLARD

ET

CONSORTS.

Première Audience. — *Mercredi* 10 *Février* 1847.

Avant neuf heures une foule considérable assiége les abords de la salle, et stationne dans les environs du Palais de Justice. Les personnes munies de billets sont d'abord admises dans la salle, où elles se placent avec assez de lenteur. Vers dix heures et demie, on ouvre les portes, et en peu d'instants les places réservées au public sont envahies.

En attendant l'ouverture de l'audience, les costumes bretons, dont sont revêtus quelques-uns des témoins ou des accusés, font l'objet de la curiosité générale. Leurs longs cheveux, leurs gilets éclatants, leurs chapeaux à larges bords excitent l'attention et les commentaires de l'auditoire.

On cherche parmi les accusés M. Drouillard, qui siége à leur tête et qui porte à son habit le ruban de la Légion-d'Honneur. On se montre un des accusés bretons, reconnaissable à ses longs cheveux, à la médaille d'or qui décore sa poitrine, c'est M. Dagorn, membre du conseil d'arrondissement et poète bas-breton d'une certaine originalité. La médaille qu'il porte est la récompense des nombreux services rendus par lui à l'agriculture.

Malgré les prescriptions de M. le ministre de la justice un grand nombre de dames sont mêlées à l'auditoire.

Derrière les siéges de la cour, sont placées les principales autorités de la ville et du département. On y remarque M. le préfet de Maine et Loire, M. le maire d'Angers, M. le colonel du 14e léger, des magistrats, des membres du parquet.

A onze heures dix minutes, la cour entre en séance, sous la présidence de M. Courtillier, conseiller à la cour royale.

M. Belloc, avocat-général, occupe le siége du ministère public.

Sur les réquisitions du ministère public, la cour rend un arrêt qui adjoint au jury deux jurés supplémentaires.

La cour se retire pour procéder au tirage du jury.

M. Berryer prend place au barreau. Tous les regards se dirigent de ce côté. Après lui siégent : M. Paillard de Villeneuve, défenseur de M. Peyron ; M. Freslon, défenseur des accusés Jossin et Carré ; M. Prou, défenseur de Dagorn, Audran et Mathias Michel ; M. Segris et M. Faugeyroux, avocat du barreau de Quimperlé, défenseurs de Leflecher père et fils.

A midi, la cour rentre en séance.

Deux interprètes jurés prennent place au pied de la cour après avoir prêté serment. Leur présence a été jugée nécessaire dans cette cause, où quelques-uns des accusés ou des témoins ne parlent que le bas-breton.

M. le président procède à l'interrogatoire des accusés :

Ils déclarent se nommer :

MM. Hippolyte Drouillard, 55 ans, banquier.

Peyron, 45 ans, négociant.

Jossin, 48 ans, boulanger à Quimperlé.

Carré, 42 ans, md. de bois à Quimperlé.

Dagorn, 50 ans, cultivateur.

Audran, 58 ans, cultivateur.

Mathias Michel, 35 ans, cultivateur.

Leflecher, 56 ans, cultivateur.

Guillaume Leflecher fils, 32 ans, cultivateur.

Le jury prête serment.

Le greffier donne lecture des deux arrêts de cassation, qui renvoient les accusés devant la cour royale d'Angers, et de l'arrêt de la chambre des mises en accusation qui les a traduits devant la cour d'assises de Maine et Loire.

M. l'avocat-général Belloc a la parole pour exposer l'affaire, et s'exprime en ces termes :

Messieurs les jurés, l'affaire sur laquelle vous êtes appelés à statuer est une des plus solennelles et des plus graves. Vous aurez à décider si l'honneur de siéger dans notre chambre législative a cessé d'appartenir au plus méritant pour n'être accordé qu'au plus offrant et dernier enchérisseur.

S'il faut en croire la rumeur publique, ce serait à l'aide d'une corruption éhontée et indigne d'un homme d'honneur que M. Drouillard aurait été nommé député.

Nous n'entrerons pas dans toutes les considérations relatives à cette affaire, nous les remettrons à plus tard ; notre tâche est beaucoup plus restreinte en ce moment, nous nous bornerons à faire passer sous vos yeux les principaux faits qui ont motivé ce procès.

Une ordonnance du roi, en date du 6 juillet et qui avait dissous les chambres, avait convoqué les colléges électoraux.

Au collége de Quimperlé, trois candidats se présentaient : deux du parti conservateur et un troisième, légitimiste, ce dernier se retira. Les électeurs étaient au nombre de 156, la majorité était de 80 voix. M. Drouillard obtint 82 voix, son concurrent 73, une voix fut perdue. M. Drouillard a été nommé à la majorité de 2 voix.

Immédiatement après la proclamation du résultat du scrutin, un électeur, M. Limon, juge au tribunal de Quimperlé et secrétaire du bureau du collége, demanda et obtint la parole ;

« Je réclame, dit-il, non contre les opérations du collége, mais contre les faits qui ont précédé et amené l'élection de M. Drouillard, je déclare donc tant en mon nom personnel que pour les électeurs votant pour M. Guilhem, et qui m'ont autorisé à le faire, que je proteste formellement contre la nomination de M. Drouillard, me réservant, du reste, s'il y a lieu, d'articuler mes moyens dans l'acte que je me propose de remettre à messieurs du bureau à l'ouverture de la séance de demain. »

Ainsi, dès le premier moment, des voix nombreuses se faisaient entendre dans l'arrondissement de Quimperlé et proclamaient que l'élection de M. Drouillard était due à des moyens de corruption.

Antérieurement déjà la magistrature s'était prononcée. M. le procureur du roi de Quimperlé avait adressé aux maires une circulaire ainsi conçue :

» Quimperlé, le 15 juillet 1846.

» Monsieur le maire,

» Un bruit, qni malheureusement paraît fondé, se répand dans cet arrondissement. Tous les moyens paraissent bons aux yeux de certains individus pour ébranler les convictions et les sympathies des électeurs. Non seulement des promesses ont été faites mais des suffrages auraient été achetés. Pour atteindre le but qu'on se propose on n'hésite pas à descendre à la plus profonde immoralité.

» M'aider à faire punir et flétrir ces trafics honteux est, dans la circonstance, un de vos devoirs les plus graves et digne de la confiance dont vous avez été investi.

» Je compte donc sur votre zèle pour recueillir et m'adresser tous les renseignements relatifs à ces déplorables menées, je n'ai pas besoin de vous dire que vos fonctions d'officier de police judiciaire vous commandent une stricte impartialité. Quels que soient les auteurs, portez à ma connaissance, tous les faits qui offriront le caractère de fraude, ou même seulement de déloyauté.

» Je vous prie de m'accuser réception de cette lettre.

« Recevez, etc.

» Le procureur du roi,

» Tahier. »

Nous vous ferons remarquer, messieurs, avec quel esprit d'impartialité ce magistrat s'adressait aux officiers judiciaires de l'arrondissement, et leur recommandait de rechercher avec soin tous les faits de corruption qui pourraient venir à leur connaissance.

Ce fait est grave ; si, à cette audience, on vient vous parler de corruptions pratiquées par les adversaires de M. Drouillard, vous aurez à vous rappeler qu'aucun fait n'a été révélé qui puisse justifier ces allégations.

Mais ce n'est pas tout. Du haut de la chaire de vérité, M. le curé de Quimperlé fit entendre des paroles sévères qui flétrissaient les manœuvres dont il avait été le témoin. Que ce respectable ecclésiastique reçoive publiquement le témoignage d'estime et de vénération que nous inspire sa conduite dans cette circonstance.

La chambre fut réunie le 14 août, et le 26 elle s'occupa de l'élection de Quimperlé. Après de longues explications de M. Drouillard et quelques observations de M. le ministre de la justice, la chambre prononça l'ajournement.

A peu de jours de ce vote et à la lecture du *Moniteur*, M. le procureur-général de Rennes se saisit de l'affaire, qui, le 29, fut évoquée par la cour royale de Rennes. Un conseiller fut délégué pour commencer l'instruction, et le 20 octobre, la chambre des mises en accusation rendit un arrêt qui renvoyait les neuf prévenus devant le tribunal de police correctionnelle de Vannes.

Cet arrêt fut déféré à la cour de cassation, qui jugea que les faits avaient un caractère politique, et renvoya l'affaire devant la cour royale d'Angers. Celle-ci apporta le plus grand soin à instruire l'affaire, et après une laborieuse instruction, reconnut qu'il y avait lieu de renvoyer les prévenus devant la cour d'assises de Maine et Loire.

Ici M. l'avocat général entre dans l'examen des faits et raconte que M. Drouillard s'était rendu à Quimperlé dès le mois d'août 1845. Il se mit bientôt en relations avec Peyron, négociant et marchand de bois en cette ville. Le motif apparent de cette liaison était la prétendue fondation d'une banque de crédit destinée à venir en aide aux agriculteurs. Drouillard et Peyron prétendent que toute arrière pensée était étrangère à cette entreprise, et qu'elle n'était nullement destinée à servir la future candidature de M. Drouillard. C'est là, continue M. l'avocat-général, ce que le jury aura à examiner ; il aura à reconnaître, si en fait, les opérations de Drouillard et de Peyron. constituent de véritables prêts ; ou bien s'ils sont des dons ou le prix de honteux marchés.

M. Belloc s'occupe des circonstances accessoires du procès ; il montre que, dès 1845, les agents de Drouillard circulaient dans l'arrondissement, recueillant des voix et préparant la candidature de leur patron. Il les suit dans leurs pérégrinations corruptrices, s'épuisant en promesses et semant l'argent autour d'eux.

L'organe de l'accusation explique les divers modes de corruption employés par les agents de Drouillard, ce sont des promesses, des offres d'argent; les dépenses d'auberges ouvertes à tout venant et hébergeant gratuitement tous les électeurs qui se présentaient ; à des électeurs, on a promis des couverts d'argent, des voyages à Paris. On a tout exploité, jusqu'aux croyances religieuses de quelques-uns des électeurs ; il en est qu'on a conduits en pélerinage à Notre-Dame d'Auray ; et enfin le jour de l'élection une messe spéciale fut dite à Quimperlé, exprès et uniquement pour les électeurs douteux. (On rit.)

A cet endroit, M. l'avocat-général examine les faits spéciaux du procès et entre dans l'exposé des inculpations particulières qui pèsent sur chacun des accusés.

Nous croyons inutile de reproduire cette partie du discours de M. Belloc. Tous les faits reviendront dans le cours des débats et ressortiront nettement de l'audition des témoins ; nous préférons leur laisser le pittoresque de leur forme d'audience, et en cela nous croyons servir les intérêts de la justice et ceux des accusés ; nous ne voulons pas prévenir l'opinion publique par la publication prématurée des charges de l'accusation.

Après cet exposé qui a duré près de deux heures, on fait l'appel des témoins qui sont au nombre de 58, appelés par l'accusation. La défense a assigné 30 témoins.

L'audience est suspendue pendant que les témoins se retirent dans la chambre qui leur est réservée.

L'audience est reprise après vingt minutes de suspension.

On procède à l'audition des témoins.

Le premier témoin est M. Tahier, procureur du roi à Quimperlé.

Le témoin explique qu'il n'a eu dans l'affaire qu'un rôle

de magistrat. Effrayé des révélations qu'on lui faisait sur les manœuvres dont l'élection avait été l'objet, il se décida à publier la circulaire dont on a donné connaissance et il crut de son devoir de stimuler le zèle et l'attention des officiers de police judiciaire placés sous ses ordres.

Une fois la cour royale de Rennes saisie, le témoin n'a plus eu à s'occuper de l'affaire.

M. Berryer demande à adresser une question au témoin. Cette question, relative à la part que M. le procureur du roi a jouée dans l'instruction de l'affaire, donne lieu à M. Belloc d'indiquer la marche suivie par l'instruction.

M. le président : Dans les renseignements qui vous sont parvenus sur cette affaire, pouvez-vous nous dire s'il vous est resté la conviction que d'autres candidats que M. Drouillard aient employé des moyens de corruption.

R. — Non, monsieur le président. Je n'ai pas appris qu'aucun des candidats se soit servi de semblables manœuvres.

M. Paillard de Villeneuve demande si le témoin n'était pas déjà substitut à Morlaix, lors des luttes électorales qui eurent lieu dans ce collége entre MM. Guilhem et Drouillard.

Le témoin répond affirmativement.

M. le président adresse à M. le procureur du roi de Quimperlé des félicitations et des éloges pour la fermeté et l'honnêteté dont il a fait preuve dans cette affaire.

2e *témoin.* — M. Limon, juge à Quimperlé : Il n'entre pas dans mes habitudes d'attacher de l'importance aux bruits qui courent dans les rues et dans les carrefours, je ne veux donc pas ici vous rapporter tous les propos qui ont été tenus sur cette malheureuse affaire. Je ne viens rapporter que ce que j'ai su, comme secrétaire du bureau électoral.

Longtemps avant l'élection, il était question de corruption et d'intrigues électorales, de menées honteuses qui m'affligeaient, comme homme d'honneur et comme magistrat. Quelque temps avant l'élection, j'ai su que deux citoyens s'étaient présentés chez un électeur et qu'ils avaient obtenu de lui, en le faisant boire, la promesse qu'il voterait pour M. Drouillard ; j'appris en même temps que M. le procureur du roi devait poursuivre ces deux personnes. D'autres faits vinrent encore à ma connaissance. Le jour des élections, je votais pour la première fois à Quimperlé, je me rendis un des premiers à la séance ; la première personne que je rencontrai, fut M. de la Ville-Marqué, nous causâmes des élections et nous nous quittâmes bons amis, après avoir émis chacun nos opinions.

A la suite de cette conversation, M. de la Ville-Marqué me dit qu'il y aurait une protestation. Oui, lui dis-je, où j'y perdrai mon latin. J'accepte, mais seulement pour M. Drouillard. Le lendemain, les opérations se continuèrent, et pendant la journée, différents faits vinrent à ma connaissance; en voici un entr'autres :

J'étais dans la cour, entouré d'une vingtaine de personnes. Là il fut question d'une protestation, et je dis que cette protestation devrait venir de la part des cultivateurs; on me répondit que les cultivateurs ne s'occuperaient pas de cette affaire-là; alors je dis que j'étais décidé à protester contre M. Drouillard, s'il obtenait la majorité, et plusieurs motifs me le faisaient craindre; le parti légitimiste avait donné sa démission, en faveur de M. Drouillard, car pendant les votes, j'avais reçu un billet d'un légitimiste, qui contenait ces mots : *Abdication Royale.*

Le lendemain le bureau se réunit pour clore ses travaux; on donna lecture du procès-verbal. A cette lecture ne fut pas jointe l'articulation des faits que j'avais énoncés; c'est qu'aussitôt que les élections furent terminées, la plupart des électeurs quittèrent Quimperlé; nous dûmes donc retarder notre protestation. Chaque jour de marché, nous nous réunîmes afin de nous entendre. Il n'est donc pas vrai de dire, comme je l'ai entendu depuis, que l'on avait hésité à faire cette protestation. Je ne pourais affirmer chacun des faits; mais j'affirme qu'il n'en est pas un seul qui ne m'ait été attesté par de nombreux témoins.

Quelques jours après les élections, j'allai dans ma famille, quand mon congé fut terminé; je me rendais à Quimperlé ; je descendis dans une auberge à Pontivy. Pendant que je déjeûnais, M. de la Ville-Marqué entra avec quelques personnes. Je ne l'avais pas vu depuis l'élection, je le saluai ; il me dit: je suis enchanté de vous voir, j'ai quelque chose à vous dire. Nous sortîmes, et c'est alors qu'il me demanda, pour ainsi dire, raison de ce que j'avais dit à propos de l'élection.

Je lui dis que je n'avais fait que mon devoir; il me dit alors qu'il me ferait un procès en diffamation.

M. LE PRÉSIDENT : Dites-nous quelques faits particuliers ? — R. Parmi les faits particuliers, je pourrais citer les orgies qui ont eu lieu au Pavillon. Quelques mois avant les élections, il y a eu une foire à Quimperlé, plusieurs électeurs furent invités à venir et allèrent loger au Pavillon, aux frais de M. Drouillard, et là ils commencèrent toutes espèces d'orgies.

M. BERRYER, Qui fut le rédacteur de la protestation ? — R. Personne et tout le monde. Nous étions six et chacun de nous émettait son opinion.

M. BERRYER : Quels sont les noms de ces personnes ? — R. Je ne puis bien me les rappeler. Voici quelques noms : Gilardin, maire actuel, Joseph Chanceley, Guion, je ne me rappelle pas les autres.

M. L'AVOCAT GÉNÉRAL : A quelle époque a-t-on parlé que M. Drouillard se présentait candidat ? — R. Je ne sais au juste.

M. DROUILLARD : J'ai songé à me présenter aussitôt que j'ai appris que M. le marquis de Langle renonçait à la députation.

M. le président donne lecture d'une lettre qu'il reçoit à l'instant de Paris, d'un docteur en médecine, lui annonçant que l'un des témoins, M. Lubis, rédacteur en chef du journal *la France*, est tombé malade.

M. LE PRÉSIDENT au témoin : Monsieur, si vous n'êtes plus électeur, vous êtes homme d'honneur, pensez-vous qu'il y ait eu corruption ? — J'en ai la conviction.

3e *témoin*. — M. Valentin DANIEL, 35 ans, notaire à Querrien dépose qu'il a appris par la rumeur publique qu'un grand nombre d'électeurs avaient reçu de l'argent de M. Drouillard. Particulièrement il a accompagné un témoin le nommé Legaric, qui est allé rembourser un billet de 900 fr. qu'il avait souscrit pour pareille somme à lui prêtée.

M. LE PRÉSIDENT : En quelles mains s'opérait le remboursement ? — R. Dans celles de M. Peyron.

D. Avez-vous connaissance personnelle que d'autres personnes aient souscrit de semblables billets ? — R. Non.

D. Cependant vous disiez tout à l'heure que vous aviez appris que d'autres électeurs étaient dans la même situation que le sieur Legaric. — R. Ce sont des bruits publics. On avait dit depuis longtemps que M. Drouillard donnait de l'argent aux électeurs sur des billets remis à une tierce personne, avec la condition que les billets seraient déchirés après l'élection.

D. Avez-vous entendu parler d'un dernier sacrifice de 7,000 fr. fait par M. Drouillard la veille de l'élection. — R. Non.

M. Segris, défenseur de Mathias Michel. Je désire qu'on demande au témoin quelle est la moralité de Leflecher père.

Le témoin, après quelque hésitation. Je ne le connais que sous de bons rapports.

D. Quelle est sa réputation dans le pays ? — R. Elle n'est pas bonne, on lui reproche des petites farces, des faits d'indélicatesse. (Marques d'étonnement.)

M. le président, avec sévérité : Comment, vous un officier ministériel, pouvez-vous dire que vous connaissez, sous de bons rapports, un homme auquel vous reconnaissez vous-même que des faits d'indélicatesse sont reprochés.

Le témoin baisse la tête et garde le silence.

D. Expliquez-vous sur les faits reprochés à Leflecher ? — Nouvelle hésitation du témoin. — M. le président insiste. — Le témoin lentement. — Je craindrais de faire tort à ma clientèle.

M. l'avocat-général : Témoin, si par un pareil motif vous vous absteniez de dire ce que vous savez sur le témoin, nous ferions à l'instant des réserves pour vous poursuivre comme témoin défaillant.

M. le président, insistant : Si vous savez des faits, dites-les à MM. les jurés. — R. Leflecher ne jouit pas d'une bonne réputation...

D. Boit-il ?... trompe-t-il ? Silence du témoin.

Leflecher père se levant : J'emprunte de l'argent souvent, et je ne vais pas pour cela chez les notaires, voilà pourquoi ils ne m'aiment pas. (Rire général.)

M. FAUGEYROUX, défenseur de Leflecher père et fils : Je voudrais demander au témoin s'il n'est pas à sa connaissance que dans le banquet donné à Querrien, par M. Drouillard, aux électeurs de cette localité, M. Drouillard n'a pas donné à Leflecher l'épithète de *fal.* — R. On me l'a dit.

D. Que signifie ce mot en bas-breton ? Cela ne veut-il pas dire malin, rusé, adroit, méchant ? — R. C'est vrai.

D. Dans ce banquet, la conduite de M. Drouillard n'a-t-elle pas été tellement excentrique qu'on a pu dire de lui : *Il est fou ou sou ;* et que votre père se soit écrié : Il n'y a ici qu'un homme, c'est M. Bréa ; tous les autres sont des *cochons?* (Rire général.) — R. On me l'a dit.

D. Le cultivateur breton n'est-il pas fier, orgueilleux, facile à blesser et Leflecher n'a-t-il pas dû être profondément blessé de ce mot de *fal ?* — R. Je le crois.

M. LE PRÉSIDENT, à M. Drouillard : Qu'avez-vous à dire ? — R. Deux mots seulement : Je ne bois que de l'eau rougie et ne me suis jamais grisé de ma vie ; je ne connais pas un mot de bas-breton.

D. Le banquet était nombreux ? — R. Il était composé des électeurs seulement. C'est ce que mon concurrent lui-même avait fait quelques jours auparavant.

M. SEGRIS : Leflecher n'a-t-il pas été maire de sa commune pendant six ans? — R. Oui.

D. A quelle époque? — R. De 1823 à 1828.

M. le procureur du roi Tahier est rappelé.

M. L'AVOCAT GÉNÉRAL : Croyez-vous que le témoin sache plus qu'il n'a dit? — R. Je sais que M. Daniel se trouvant en voiture avec une personne très honorable, aurait dit être allé chez M. Peyron avec plusieurs électeurs. Que là on avait donné à ceux-ci des acomptes de 200 fr. sur des billets ; que lui Daniel, aurait eu les billets entre les mains, et qu'il aurait dit en plaisantant : si j'allais porter cela chez le procureur du roi, il y aurait du bruit. — Le témoin Daniel nie ce propos.

M. BERRYER : A quelle personne cela a-t-il été dit? — R.

A une personne très honorable, mais que je ne puis nommer.

M. BERRYER : Nous ne pouvons accepter de semblables allégations. Pour les discuter, il faut que nous remontions à leurs sources. Un témoin grave, un magistrat qui vient de prêter serment de dire la vérité, raconte un fait essentiel dans la cause, et pour ne pas violer je ne sais quelle obligation de conscience, il s'abstient de dire tout ce qu'il sait. Je ne comprends pas un semblable contrat. La défense ne peut accepter un témoignage qui repose sur des ouï-dire et dont on ne fait pas connaître l'origine.

M. LE PRÉSIDENT à M. Tahier : La cour vous demande le nom de la personne qui vous a rapporté le fait ? — R. C'est M. Lepagen, commis greffier au tribunal de Quimperlé.

Le témoin Daniel se rappelle bien avoir fait une partie de chasse avec M. Lepagen et lui avoir raconté sa démarche chez Peyron avec un électeur, un seul ; mais il n'a pas dit autre chose.

Le témoin se retire.

4e *témoin* : M. BAUGENDRE, 55 ans, docteur-médecin à Quimperlé :

Le témoin ne sait rien de particulier dans l'affaire. Il a comme tout le monde recueilli les bruits publics et a pensé que M. Drouillard, ne connaissant personne dans l'arrondissement, n'a pu se présenter qu'avec l'intention d'acheter des votes, puisqu'un de ses concurrents déclarait lui-même ne plus pouvoir les payer. Il a entendu dire que des électeurs avaient reçu de l'argent soit sur billets, soit de la main à la main.

Du reste, quand il en faisait reproche aux partisans de M. Drouillard, ceux-ci lui répondaient : Bah ! les autres en ont fait autant.

D. Vous avez la conviction que des votes ont été achetés ? — R. Il est impossible de le nier.

M. SEGRIS : Je désire savoir quelle est la moralité de Leflecher. — R. C'est un homme adroit, habile, fin, renarré ; c'est un avocat de campagne. (Rire général.)

M. PAILLARD DE VILLENEUVE, défenseur de M. Peyron : Un électeur, le sieur Schneider n'a-t-il pas eu recours à

M. Peyron pour un prêt de 4,000 fr. et celui-ci n'a-t-il pas exigé la signature de Baugendre en garantie? — Le témoin affirme le fait.

Ici un débat s'engage entre l'accusation et les accusés Peyron et Drouillard. Il porte sur le relevé des livres de Peyron dans lesquels on trouve, dès 1845, des sommes portées pour dépenses remboursées à Jossin et Carré. Il y a des frais de voiture, d'auberge, de café, sans compter des sommes plus considérables qui n'ont pas d'emploi justifié. Ainsi M. l'avocat-général constate que le compte de Drouillard chez Peyron s'élève à 145,000 fr. et rapproche ce fait du propos que le témoin Baugendre attribue aux agents de M. Drouillard; lesquels auraient dit que celui-ci dépenserait s'il le fallait 150,000 fr. pour sa candidature.

M. Drouillard, appelé à donner des explications, explique qu'il n'a autorisé que des dépenses honnêtes, de celles qui se font à chaque élection.

Le ministère public insiste sur les frais de voiture et d'auberge.

M. Berryer : Quant à cela le fait n'est pas incriminé et n'est même pas incriminable. Il faudrait, si on le voulait faire instruire contre toutes les élections de France. (Sourires dans l'auditoire).

5e *témoin*. — Félix-Adémar Rousseau, 35 ans, notaire : Je ne sais que très peu de choses par moi-même, le seul fait que je puisse vous affirmer, c'est que quelques jours avant l'élection, un de mes clients, personne très honorable et en laquelle j'ai toute confiance, me dit que MM. Jossin et Carré étaient venus trouver un électeur pour lui offrir 1,200 francs s'il voulait voter pour M. Drouillard ; celui-ci refusa néanmoins, les deux personnes se retirèrent en laissant les 1,200 fr. dans un sac de toile. L'électeur alla reporter cette somme à Quimperlé.

M. le président : Vous n'avez aucun autre fait à nous déclarer. — R. Tous les autres faits relatifs à l'élection Drouillard je ne les ai connus que par ouï dire, n'étant arrivé à Quimperlé que l'avant-veille de l'élection.

6e *témoin* : M. Emmanuel Duportail, 36 ans, procureur du roi à Morlaix :

Je ne sais absolument rien, étant arrivé la veille des élections à Quimperlé.

M. L'AVOCAT-GÉNÉRAL : Dans une conversation, n'avez-vous pas dit que M. Drouillard eût acheté des suffrages ? — R. C'était une opinion personnelle ; voici comment ceci s'est passé : Il était advenu qu'une partie des électeurs légitimistes et une partie des conservateurs ne s'entendant pas sur leurs candidats, avaient résolu de se réunir les uns les autres pour ne nommer qu'un seul représentant, optant entre M. Guilhem et M. Drouillard, cette réunion me surprit un peu, et j'en parlai même à M. de Versac, l'un des chefs du parti légitimiste, en lui disant que, d'après tout ce que j'avais appris sur M. Drouillard, j'aimerais mieux, dans ce cas, faire abnégation de mes opinions politiques, et voter pour lui-même, qui est un homme de cœur et d'honneur.

M. L'AVOCAT-GÉNÉRAL : Qu'est-ce qui vous faisait penser que les votes avaient été achetés ? — R. C'était le bruit public, bruit qui me paraissait prendre une nouvelle preuve dans cette fusion des légitimistes et des conservateurs.

M. FRESLON : Cette fusion n'a rien d'extraordinaire, cela se voit chaque jour ; à moins de vingt lieues d'Angers, cela s'est fait pour un homme qui certes n'en est pas moins honorable et moins honoré (Sourires).

Il est cinq heures. L'audience est levée et remise à demain dix heures précises.

Le nombreux public se retire au milieu de conversations animées.

Aux portes du Palais, on remarque une grande foule de curieux attirés par le désir de voir les avocats du barreau de Paris et les accusés.

DEUXIÈME AUDIENCE. — *Jeudi 11 Février.*

L'auditoire nous semble moins nombreux que celui d'hier. La curiosité publique s'est effrayée des auditions des témoins qui doivent occuper l'audience.

M. le procureur du roi de Morlaix est rappelé pour ajouter quelque chose à sa déposition d'hier et s'exprime ainsi : Un jour que je causais avec un électeur très riche et partisan de M. Guilhem, il me dit : Nous sommes attaqués par le poignard, nous nous défendrons par le poignard ; on combat Achille Guilhem avec de l'argent, il lui faut de l'argent pour se défendre. Mon frère et moi lui en avons offert, il l'a refusé.

M. Prou. Hier on a accordé à M. le procureur du roi la permission de se retirer, aujourd'hui l'un des accusés demande qu'il reste jusqu'à la clôture des débats.

Il est fait droit à la demande de M. Prou.

7e *témoin*. M. François Allard, maître de poste à Quimperlé, raconte que longtemps avant les élections Jossin et Carré couraient la campagne. Le témoin a appris que ces messieurs étaient à la solde de M. Drouillard et recevaient de celui-ci de l'argent au moyen duquel ils achetaient les voix.

Le fait me fut certifié pas l'un d'eux, M. Leduc, qui raconta que Jossin et Carré, après de vaines sollicitations, avaient laissé chez lui 1,200 fr. en lui disant : Si tu ne te décides pas, tu verras. Leduc rapporta cet argent à Quimperlé ; Jossin lui dit : Tu es un imbécile, va-t-en !

Un autre électeur, Gilbert a raconté au témoin que Jossin lui avait dit : Tu fais bâtir, tu maries ta fille, tu as besoin d'argent. Te faut-il 2,000 ou 3,000 fr. ? Gilbert aurait refusé. Cela se faisait d'ailleurs publiquement et les élections étaient au plus offrant... C'était un marché de bestiaux. (Hilarité prolongé.)

M. le président. Un marché de bestiaux !

Le témoin. Oh ! mon Dieu oui ! Cela se faisait de la même manière. (Nouveaux rires.)

Le 24 juillet j'observai de ma maison, qui est en face du pavillon occupé par M. Drouillard, ce qui s'y passait. Les trois issues étaient gardées par des gens de M. Drouillard. Je voulus entrer, on me repoussa.

D. N'avez-vous pas vu qu'on ait fait entrer un électeur de force ? — R. Il y avait là une foule de gens sans aveu qui conduisait les électeurs chez M. Drouillard. On m'a dit avoir entendu un de ces hommes dire à l'électeur qu'il conduisait : Si tu n'as pas assez de 1,500 fr., on t'en donnera 2,000.

Le témoin ajoute qu'il est directeur des Messageries générales et qu'en cette qualité il a reçu, à l'adresse de M. Peyron, de l'argent expédié de Lorient au nom de M. Drouillard. 25,176 fr. ont été envoyés ici par 4,000 fr. dans des sacs de 1,000 fr.

M. LE PRÉSIDENT. Dites-nous ce qui s'est passé le jour même des élections. N'a-t-on pas commencé par une messe? — R. Ces messieurs étaient logés commodément même pour la messe. Le pavillon est à quelques pas d'un couvent. On avait demandé un aumônier afin de lui faire dire la messe pour M. Drouillard, sa famille, ses électeurs et sa garde ou ses gardiens comme on voudra les appeler. M. Drouillard observait et surveillait la marche. On partit ; les gardiens avaient le bâton levé. Voilà comment on allait à la messe... (On rit.) Un électeur ne voulait pas avancer... Carré cherchait à l'entraîner.

Ma factrice et ma domestique ont voulu entrer pour entendre la messe, on leur a fermé la porte. Elles ont vu aussi le paysan récalcitrant. M. Carré n'étant pas assez fort pour le maintenir, le domestique de M Drouillard le prit par les poignets. Le paysan disait toujours : Oui, si on me donne ce qu'on m'a promis.

A 10 heures le scrutin fut annoncé. Une foule de voitures en assez mauvais état, cabriolets, carioles, etc., emmenaient des électeurs. M. Drouillard faisait l'office de laquais... ouvrait le tablier... fermait la portière et les gardiens étaient toujours-là.

M. LE PRÉSIDENT. Avec leurs bâtons ? — R. Toujours.

J'ai vu conduire au collége électoral l'électeur récalcitrant, dont je vous ai parlé. On lui a dit que c'était honteux, qu'on le menait au collége électoral comme en prison. M. Bréart était un de ceux qui le faisaient conduire. Je suis indigné de tout cela.

Samedi dernier, au moment où je partais de Quimperlé, la femme Lelui me dit qu'elle avait vu Jossin marchander un paysan. Le paysan disait : Je veux 2,000 fr. comme un tel. — Jossin lui répondait : Non ce sera 1,000 fr. — Enfin Jossin lui dit : Montez, ça s'arrangera.

M. Paillard de Villeneuve : Le témoin n'est pas électeur ; ce n'est pas faute de bonne envie de l'être. N'est-il pas vrai qu'il a été rayé de la liste électorale pour s'être attribué des impôts d'un bail qu'il n'avait plus ; 2° des impôts d'une propriété qu'il avait vendue; 3° d'une maison qui n'était pas encore construite ?—R. J'étais acquéreur d'une maison d'un M. de Reauc, je ne connaissais pas le chiffre des impôts ; je le demandai au percepteur ; il me donna le chiffre de 700 fr., je crus pouvoir le prendre. Quant à mes constructions, elles étaient achevées ; seulement je n'habitais pas la maison, les murs étant trop frais.

Quant à la ferme, j'étais fermier de *Susardat*. Le propriétaire, pour me chercher une mauvaise chicane, me fit un procès qu'il a perdu. Je quittai la ferme avant la fin de l'année par arrangement. Je crus pouvoir m'attribuer les impôts que la loi me conférait comme ayant été fermier pour dix ans.

M. Freslon : Vous avez dit que Gilbert vous a rapporté qu'on lui a offert pour son vote de 2,000 à 3,000 fr. — R. Oui.

M. Freslon : C'est contraire à la déclaration de Gilbert. Gilbert a dit : J'ai été poussé par la curiosité. Je suis rentré chez Jossin. Il m'a dit : Si tu as besoin d'argent, je t'en ferai prêter à 3 p. 100 d'intérêt.

M. l'avocat-général : Vous omettez le premier membre de phrase : n'es-tu pas électeur ?

M. Freslon : Je vous accorde tous les membres de phrase que vous voudrez ; voilà un témoin qui a déposé avec une certaine facilité. Vous le voyez affirmer que Gilbert lui avait dit qu'on lui avait offert 3,000 fr. C'est une proposition nette, bien tranchée. Eh bien ! cela est en contradiction avec la déposition de Gilbert. Cela montre que certains témoins voient dans les faits ce que leurs passions leur font voir.

M. le président : Jossin, qu'avez-vous à répondre à cette déposition ? — R. J'affirme que ce sont d'affreux mensonges.

M. le président : Vous n'avez jamais offert d'argent à personne ? R. Non, jamais.

D. Quels rapports aviez-vous avec Peyron ? — Les rapports les plus loyaux. Je suis connu dans l'arrondissement, père de famille de huit enfants.

D. Avez-vous porté 1,200 fr. chez M. Leduc. — R. C'est un infâme mensonge.

M. LE PRÉSIDENT : Vous avez vu Jossin conduire un électeur récalcitrant ? — JOSSIN : Qui me le prouvera ?

ALLARD : Tout Quimperlé. J'ajouterai un fait nouveau. Un angevin, *Hochette*, est venu avec sa femme au Tréveau, dans un cabaret où étaient Jossin et Carré. C'est l'habitude dans ce pays d'offrir un bouquet aux étrangers. Hochette s'attendait à payer ce bouquet. Carré lui dit : Vous ne devez rien ; c'est M. Drouillard qui paie.

M. BERRYER : M. Hochette est-il électeur ? — R. Non.

M. PAILLARD DE VILLENEUVE : Le témoin n'est-il pas allé, dans la nuit, chercher à Rieu un électeur nommé Fravin ? — R. J'étais allé chercher, à Pontivy un électeur de mes amis, qui est paralysé du côté droit. J'étais en cabriolet ; l'orage me surprit à Rieu, et je trouvai un refuge chez un homme de ma connaissance. Le lendemain je partis et je ne trouvai pas mon ami ; mais je rencontrai M. de Kersole qui était avec deux autres électeurs ; ma voiture est à quatre places, je les fis monter avec moi.

M. BERRYER : L'homme paralysé était parti, les autres électeurs restaient en chemin. (Hilarité générale.)

M. LE PRÉSIDENT : M. Guilhem a-t-il envoyé chercher des électeurs en voiture ? —R. Je n'en sais rien : je ne me mêle pas d'élections.

M. FRESLON : Vous avez dit dans votre déposition écrite que M. Guilhem avait envoyé chercher un électeur. Ces braves gens venaient tout seuls.

M. PROU : M. Allard a parlé de la procession de ceux qui allaient à l'église, escortés par des hommes armés de bâton, M. Dagorn désire savoir si le témoin a vu de ses propres yeux cette procession ?

M. ALLARD : Je ne l'ai pas vue, mais ma femme et deux autres personnes l'ont vue ; du reste, les témoins qui ont déposé ont au moins dû vous dire que toute la journée ces messieurs étaient armés de bâtons J'omettais un fait ! je suis allé un jour chez M. Chicoisneau voir M. Lepaume. Il y avait une grande société ; un sieur de Rebillé, maire de la commune où j'ai ma campagne, nous sommes terre à terre, vint se mêler aux électeurs, de M. Guilhem, qui dînaient chez Chicoisneau, on dit à Rebillé : tu es un faux-frère. Tu es un traître ; déjà aux dernières élections, celles où M. Delangle fut nommé, tu nous as trahi ; un sieur Cadi a poussé rudement aux dernières élections ; il avait juré de voter pour M. Guilhem, en disant qu'il avait commencé, ce qui ne l'avait pas empêché de voter pour M. Delangle. Eh bien ! Cadi lui disait ce jour-là : Tu nous diras encore que tu as communié, et de même on te verra parmi les *Drouillardistes*. (On rit.) On avait un coup de cidre sous le chapeau. Je craignais une rixe. Je menai Pinobère à la campagne. Il était neuf ou dix heures. Pinobère m'exprima le désir d'aller chez lui ; je consentis à l'y conduire en cabriolet, mais à condition qu'il n'irait pas rejoindre Cadi, qui lui avait tenu de mauvais propos. Arrivé à ma campagne, il me quitta ; il devait revenir le lendemain matin ; il ne vint pas, j'envoyai voir s'il était chez lui ; sa fille dit, depuis trois jours on ne l'a pas vu ; je m'y rendis moi-même, je reçus la même réponse ; enfin, je sais que Pinobère avait passé trois jours et trois nuits dans le camp Drouillard, qu'il était allé à la messe, et qu'on lui avait donné pour prix de sa voix une belle montre pour son fils.

M. Freslon : M. Pinobère a-t-il un fils ? — R. Je n'en sais rien.

M. Freslon : Il n'en a pas. (Hilarité générale.) Voilà comment vous affirmez des faits sur le récit de personnes dignes de foi.

M. Berryer : Il semblait, d'après le langage du témoin, que tout ce qui concerne Pinobère était à sa connaissance personnelle, il paraît fort étonnant qu'un homme qui explique toutes ses démarches par l'amitié, ne sache pas même si cet ami intime a un fils ou n'en a pas.

M. Allard : Je ne le connais que depuis quinze ou dix-huit mois. Je suis allé à la messe, j'ai couché au Pavillon, j'étais fort libre ; je n'ai pas eu de bâton ; il n'y avait même pas de parapluies.

8e *témoin*. — M. Joseph Rousseau, ancien notaire à Quimperlé : Je connais les prévenus, sauf M. Drouillard. M.

Drouillard s'est présenté à Quimperlé, sous le patronage de M. Peyron ; on s'est empressé de le prôner, et de nous apprendre qu'il était fort riche et capable de faire beaucoup de bien dans l'arrondissement. On ajoutait qu'il était disposé à faire tous les sacrifices possibles pour arriver aux élections.

Dès le mois de septembre, M. Peyron s'est mis en rapport avec beaucoup d'agents subalternes pour les faire mouvoir dans l'intérêt de M. Drouillard. MM. Jossin et Carré ont été des plus actifs. Ils ont commencé à parcourir les campagnes, sous prétexte, l'un d'acheter du bois, l'autre d'acheter des grains. Ils allaient visiter les électeurs et revenaient rendre compte de leurs courses à M. Peyron. Nous savons qu'ils emportaient avec eux du vin, qu'ils allaient dans les fêtes patronales, dans les foires ; Jossin régalait chez lui les électeurs. On montait dans l'appartement supérieur. Je suis bien convaincu que beaucoup d'agents ont travaillé dans l'intérêt de M. Drouillard.

D. Que pensez-vous de M. Peyron ? — R. Je lui rendrai toute justice. M. Peyron est un homme très honorable; il a acquis une honnête aisance par son travail, mais quand il s'est mis quelque chose dans la tête, il y tient. Je déplore qu'il se soit séparé de ses amis, car c'est lui qui m'a présenté un candidat auquel je suis attaché et dont je me flatte d'être l'ami.

D. Croyez-vous qu'il ait employé des moyens de corruption ? — R. Mon Dieu je suis forcé de vous le dire, sans celà M. Drouillard n'aurait pas réussi.

D. Savez-vous ce qui s'est passé au pavillon ? — R. Tout Quimperlé pourrait vous le dire. On faisait entrer les électeurs par une porte marquée. Là, il y avait table ouverte. Tout le monde buvait, mangeait. Les opérations ont eu lieu le samedi. Dès le vendredi, les électeurs de M. Drouillard étaient conduits au pavillon.

D. Avez-vous entendu dire que les électeurs avaient été conduits à l'église par des gardiens armés de bâtons?—R. Nos électeurs aiment assez aller le dimanche à la messe. On avait commandé à *la retraite* une messe spéciale pour les électeurs de M. Drouillard et leurs amis. On éloigna les personnes étrangères. Quant à vous dire s'il y avait des hommes armés de bâtons, je n'en sais rien.

M. SEGRIS interpelle le témoin sur la moralité de Leflecher père.

M. ROUSSEAU : Leflecher père a reçu un peu plus d'instruction que les habitants de son village. Il est un peu plus fin, plus adroit, plus madré à manier les affaires. Mais sous le rapport de la probité, je n'ai qu'un bon témoignage à rendre sur son compte. Je lui ai prêté 5,000 fr. sur sa simple signature et je ne l'aurais pas fait, si je ne l'avais cru un honnête homme.

D. Pourquoi appelle-t-on Leflecher *fal?* — R. Quelqu'un peut lui avoir donné ce nom par pure plaisanterie, comme sobriquet et le sobriquet est resté.

M. FRESLON : Je demanderai à quelle époque l'un des fils de M. Rousseau a été placé dans l'enregistrement et un autre dans les douanes.

M. ROUSSEAU : Dans quel but cette question ?

M. L'AVOCAT-GÉNÉRAL : Il n'est pas convenable qu'on entre ainsi dans la vie privée.

M. BERRYER : C'est ce que le témoin a fait.

M. FRESLON : Je prie le témoin de me répondre par des dates.

R. Je ne répondrai pas par des dates mais par des faits. Je suis l'ami de M. Guilhem, je m'en honore et je m'en honore beaucoup. J'avais un fils dans l'enregistrement; on a voulu lui imposer un changement de résidence; il a donné sa démission. J'ai un autre fils commis dans la douane; il a 14 ans de service et 1,400 fr. d'appointements. Voilà comme je suis protégé par M. Guilhem.

9e *témoin.* — MARIE VAILLANT, factrice de M. Allard, à Quimperlé : Le dimanche des élections, j'ai vu les électeurs de M. Drouillard, qui allaient à la messe, et je me suis amusée à les compter; il y en avait 28, ils étaient rangés comme des écoliers qu'on mène à la promenade, et ceux qui les conduisaient portaient des cannes.

M. L'AVOCAT-GÉNÉRAL : Quels étaient les hommes qui les conduisaient? — R. M. Ledoussal, M. Carré, M. Jossin.

JOSSIN : Elle n'a pas pu me voir, je n'y étais pas, je travaillais.

D. Au témoin : N'avez-vous pas voulu aller à la messe?— R. Oui, mais on n'a pas voulu me laisser entrer, parce que la messe était dite exprès pour les élections (on rit).

M. Paillard de Villeneuve : M. Proutou n'était-il pas de ceux qui avaient une canne? — R. Oui.

M. Paillard de Villeneuve : Il est boiteux?

M. Freslon : M. Grenier n'avait-il pas aussi une canne? — R. Oui.

M. Freslon : Il est boiteux aussi? (Hilarité générale.)

M. Paillard de Villeneuve : Je prie M. le procureur du roi de Quimperlé de ne pas parler sans cesse au témoin.

M. Tahier : Je suis témoin; c'est à ce titre que je parle.... C'est moi qui ai indiqué le témoin à M. l'avocat-général.

M. Berryer: Je comprends que le procureur du roi ait indiqué le témoin; mais rappeler à un témoin, au moment où il va se retirer, qu'il a encore quelque chose à dire; voilà ce qui me paraît dépasser toutes les convenances et ce qui me paraît contraire à tous les droits de la défense.

M. le président : Savez-vous quelque chose encore, fille Vaillant?

Marie Vaillant : J'ai vu un électeur qui demandait au domestique de M. Drouillard si on lui donnerait ce qu'on lui avait promis. Le domestique a répondu, oui; mais il a vu que je l'observais, et il cherchait à imposer silence au paysan. J'ai reconnu ce paysan; il avait un morceau de taffetas sur l'œil gauche.

M. Berryer : Voilà plusieurs fois qu'on parle de cet homme, qui avait un morceau de taffetas sur l'œil... peut-on le désigner?

M. le président : Dagorn, l'avez-vous vu? — R. Non.

Marie Vaillant : Il a été conduit à la messe par Carré.

Carré : C'est faux.

M. Allard : Le nom de cet électeur est Peyron.

10e *témoin* : M. Jean QUENÉ HERVÉ, commissaire de police à Quimperlé :

Huit jours avant les élections, je rencontrai sur la place de Quimperlé M. Chaceley et M. Dudeur. On disait : Un tel a eu tant; un autre tant. M. Ledoussal survint et parla de François Carré. On disait : C'est celui-là qui a été le mieux partagé; il a recu 3,000 fr. de M. Drouillard, et M. Guilhem lui a cédé une propriété au prix coûtant. M. Ledoussal dit alors : Oh, celui-là, s'il n'avait pas rendu les 3,000 fr., on l'aurait poursuivi pour escroquerie.

M. LE PRÉSIDENT : Parce qu'il n'a pas voté pour M. Drouillard? — R. Oui.

D. N'a t on pas conduit Cadi en pélerinage? — R. Oui.

D. Ne s'est-il pas caché pendant plusieurs jours pour se soustraire aux obsessions des agents de M. Drouillard? — R. Oui.

D. N'avez-vous pas vu qu'on conduisait des électeurs? — R. Oui. Ils étaient conduits comme des écoliers.

D. Et les gardiens de M. Drouillard étaient des deux côtés, comme des maîtres d'étude? — R. Absolument.

D. Avez-vous reconnu quelqu'un? — R. Je n'ai pu reconnaître personne, j'étais trop eloigné ; mais j'ai bien vu que c'étaient des électeurs à M. Drouillard.

11e *Témoin.* — SCHNEIDER, gendarme à Quimperlé : Je ne puis citer aucun fait particulier au sujet des élections de M. Drouillard. Le lendemain ou le surlendemain j'étais avec mon camarade Meunier, je faisais la visite des auberges. Nous rencontrâmes sur le pont Mme Sailo, mon camarade, lui dit: vous devez être fatiguée, elle répondit: oui, mais si ça revenait tous les deux ou trois mois, on pourrait gagner sa vie. Elle nous raconta alors qu'elle avait hébergé les électeurs de M. Drouillard, mais qu'on avait conduit les plus turbulents au Pavillon.

D. Ne vous a-t-on pas dit qu'au Pavillon, des électeurs avaient crié : Vive M. Guilhem ? — R. Oui.

D. Ne vous a-t on pas parlé d'une somme de 1,200 fr. offerte à Ledu ? — R. Oui, c'est Ledu qui me l'a dit. Jossin et Carré l'ont prié d'avoir la complaisance de garder cet argent chez lui pour un marché de bois. Deux jours après Ledu a rendu cet argent.

D. Ne vous a-t-il pas dit que, depuis le commencement de l'instruction, Jossin et Carré couraient dans les campagnes pour empêcher les témoins de dire la vérité ? — R. Je l'ai appris vaguement.

M. Paillard de Villeneuve : Le 31 juillet, le vendredi, le témoin n'a-t-il pas été chargé d'aller sur la route de Quimperlé à Querrien ? — R. Oui.

D. Par qui ? — R. Par le sous-préfet, le procureur du roi et nos chefs, on envoyait chercher des électeurs, on craignait des rixes, on nous a fait faire une patrouille.

M. Tahier, procureur du roi : Je demande à faire une observation.

M. Berryer : C'est inconcevable.

M. l'avocat-général : Ce qu'on vient de dire au banc de la défense est une inconvenance !

M. Paillard de Villeneuve : Nous disons entre nous que c'est le témoin qui dirige les débats.

M. le président : Comment, ce que vous dites là est une injure pour le président.

M. Freslon : La défense a ses franchises, nous disons entre nous ce que bon nous semble.

M. l'avocat-général : Vous parlez tellement haut que l'auditoire a pu vous entendre.

M. le président : J'invite les témoins a dire tout ce qu'ils savent.

M. Tahier : Je ne dirige pas les débats, je puis opposer aux reproches qu'on me ferait, une carrière toute d'honneur. J'ai, en effet, donné l'ordre aux gendarmes d'aller sur la route de Querrien, parce que je redoutais des rixes.

M. le président : Vous entendez ce que vient de dire M. le procureur du roi. Il connaît les mœurs des Bretons, c'es un peuple encore sauvage. (Rumeurs dans l'auditoire.) Voilà pourquoi il a commandé une patrouille.

12e *témoin*. — Le gendarme Meunier reproduit la déposition du gendarme Fermel. Mme Sallo lui a dit qu'on retenait au Pavillon les électeurs douteux et ceux qui auraient pu voter pour M. Guilhem, et que les autres électeurs, les bons, mangeaient chez elle.

M. LE PRÉSIDENT : Meunier.

MEUNIER : Présent- (On rit.)

M. LE PRÉSIDENT : Avez-vous entendu dire qu'on achetait des voix dans les campagnes? — R. Oui. Oh! dans toute la campagne.

M. LE PRÉSIDENT : Avez-vous entendu dire que les partisans de M. Guilhem avaient aussi acheté des voix? — R. Oui, monsieur, on disait : Nos élections ne se font que par argent, des deux partis.

D. Les habitants de Quimperlé ne sont-ils pas un peu querelleurs? — R. Oui.

M. PROU. Ils sont un peu moins *sauvages* qu'on ne le dit. Au surplus, l'un des *sauvages* demande à prendre la parole. (On rit.)

MATHIAS. N'ai-je pas dit au gendarme Meunier, que je voulais voter pour M. de Kersaint.

MEUNIER. Oui Monsieur, il me l'a dit.

M. BERRYER. Il y a dans le débat un point qu'il importerait de fixer. C'est de savoir ce qu'ont été les précédentes élections de Quimperlé. Je crois que c'est d'un assez grand intérêt.

M. L'AVOCAT-GÉNÉRAL demande qu'on interroge sur ce point M. Rousseau.

M. ROUSSEAU : Si nous comparons la dernière élection à celle-ci, on verra qu'elles se sont passées de la même manière. Les acteurs qui sont ici ont coopéré de même à l'élection de M. Delangle.

D. Jossin et Carré étaient-ils les agents de M. Delangle? — R. Je ne l'affirmerai pas..... mais les électeurs ont été gagnés.... renfermés de la même manière..... Ç'a a servi de modèle. (On rit.)

UN JURÉ. Avant l'élection de M. Delangle, les choses se passaient-elle ainsi?—R.Non, Monsieur, il y avait accord et concorde. Ce sont quelques hommes qui se sont séparés de nous qui ont amené la discorde.

D. L'ont-ils fait par conviction ?—R. Je ne puis sonder les consciences. Alors nous étions tous d'accord; mais sans cette dissension, nous étions sûrs d'être toujours vainqueurs.

On rappelle M. Baugendre.

Ce témoin fait une déposition qui confirme la précédente déclaration.

Un Juré. Les électeurs étaient-ils dans la salle, libres et dégagés de toute surveillance ?

M. Baugendre : On les accompagnait dans la salle même. Le surveillant de l'électeur le conduisait vers la table et écrivait son bulletin. Voilà ce que j'ai vu. Un électeur de mes connaissances, fort habile, très fin, donna son bulletin à écrire. Je lui dis : comment, tu ne sais plus lire et écrire. Comme c'est un garçon rusé, il me répondit : Ah ! j'ai oublié mes lunettes chez moi. (On rit.)

D. Les partisans de M. Guilhem se faisaient-ils aussi écrire leurs bulletins. — R. Cela s'est passé ainsi des deux côtés.

M. Berryer : Je vous prie de demander à M. Rousseau quel était le concurrent de M. Duquillié lors de l'élection de ce dernier ? — R. M. Guilhem.

M. Berryer. Plus tard, quand M. Guilhem a été nommé avait-il un concurrent ? Non, M. Dequillié s'est désisté.

M. Berryer : Voilà ce que je tenais à constater.

Dagorn, accusé : Le témoin a parlé d'une défection. Est-ce que j'en faisais partie ?

M. Rousseau. Quand j'ai parlé de défection, M. Peyron a dû me comprendre.

M. Peyron. Je n'ai pas été l'agent de M. Delangle.

M. Rousseau : Je n'ai pas dit cela.

M. Peyron. C'est M. Guilhem qui s'est séparé de moi.

M. Allard : M. Rousseau ne sait pas pourquoi M. Peyron s'est séparé de M. Guilhem, je vais vous le dire moi. M.

Peyron avait été comblé de bienfaits par M. Guilhem; il a obtenu de l'avancement pour ses frères, et pour lui des décharges d'impôts. J'étais l'associé de M. Peyron pour un service de voiture de Quimperlé à Morlaix; Peyron fut taxé à 200 fr. de patente, moi à 100 fr., et M. Dubreuil à 100 fr. M. Peyron obtint une décharge complète de cette patente. Nous n'en avons jamais payé, c'est positif. (Mouvement prolongé.)

On demande pourquoi M. Peyron s'est séparé de M. Guilhem. La raison en est toute simple, c'était un homme épuisé auquel on ne pouvait plus rien demander, il fallait à M. Peyron un homme nouveau, un homme qui eut beaucoup d'argent.

M. Berryer : Je suis obligé de constater ce qui résulte de tout ceci; on vous montre d'une part un homme maître d'une grande fortune; on vous indique d'un autre côté des sacrifices qui ont été faits aux préjudices du trésor public et de contribuables, nous verrons. (Mouvement.)

Quant au motif qui aurait engagé M. Peyron à abandonner M. Guilhem, c'est là l'opinion d'un témoin. Le moment n'est pas venu de la discuter.

M. le président. Le langage du témoin prouve son impartialité.

le témoin. Si les élections avaient été honnêtes nous n'aurions pas vu notre pays traîné devant la cour d'Angers. Je suis ici pour dire la vérité, je l'ai dit sans haine et sans crainte.

13e *témoin.* —Femme Orbann, ménagère à Quimperlé : J'ai vu tous les vendredis les réunions qui se faisaient chez Mme Sallo et chez Josselin. On hébergeait les électeurs, on leur donnait des poignées de main, avant le jour de l'élection. Je suis proche du pavillon , j'ai regardé si je ne voyais pas quelqu'un entrer, j'ai vu un groupe de paysans déjà arrivé. J'apercevais Feru qui avait crocheté un gros paysan. Mon mari m'a rapporté que le paysan disait : Mon fils va tirer au sort. — Sois tranquille, lui a répondu M. Feru, il ne partira pas comme soldat.

Le paysan est allé dans le pavillon. Là les uns buvaient du vin ordinaire, les autres du vin de Champagne; c'était une orgie. J'ai voulu voir la comédie. Un paysan cria par trois fois : Vive M. Guilhem. Ça m'a fait croire que s'ils avaient été libres, ils auraient voté pour M. Guilhem. On l'empêchait de sortir ; ceux qui le retenaient étaient M. Garnier et M. Leblanc.

D. Leflecher n'a-t-il pas dit à votre mari qu'on avait voulu le faire voter pour M. Drouillard. — R. Ce n'est pas ce Leflecher là, il y en a beaucoup dans le pays ; celui dont je parle a dit à mon mari qu'il voulait être libre, qu'il ne voulait pas être renfermé comme ce gros là.

Carré : Ce Leflecher-là ne comprend pas le français, il ne sait que le breton.

La femme Orbann : Oh ! il comprend fort bien le français, et il le parle peut-être mieux que vous. (Rires.)

L'audience est suspendue pendant un quart d'heure, elle reprend à une heure 1/2.

14e *témoin*. — François Ignace Orbann, menuisier à Quimperlé : Je demeure devant le pavillon. J'ai vu un paysan qui cherchait à escalader le mur pour se sauver. Le mur est trop haut, on lui a crié : Que faites-vous, vous allez vous casser les jambes. Il y en a un qui avait enjambé le mur, les autres l'ont retiré, il a crié plusieurs fois : Vive M. Guilhem.

D. S'il avait été libre il aurait voté pour M. Guilhem ? — R. Oui, mais il y avait des gardiens à toutes les portes ; ensuite il y a eu Feru qui a conduit de force au pavillon un paysan dont le fils allait tirer au sort.

D. Avez-vous vu les électeurs ? l'êtes-vous vous-même ? — R. Non.

D. Qu'avez-vous vu au Pavillon. — R. J'ai vu donner à boire aux électeurs. On leur fournissait de tout, du tabac, et ce n'est pas du simple vin qu'ils buvaient, ils criaient : du Champagne ! du Champagne ! On leur en a donné tant qu'ils en voulaient.

M. Freslon : Qnel est l'homme qui a voulu passer par-dessus le mur. — R. Je ne le connais pas. Je l'ai entendu seulement crier. J'étais chez moi, et c'est loin du Pavillon comme d'ici au Louis-Philippe Ier. (Le témoin désigne le buste du roi au milieu des rires.)

M. LE PRÉSIDENT : Depuis vous a-t-on nommé une autre personne. — Non.

M. BERRYER : Il est très intéressant de savoir qu'elle est la personne qui a escaladé, qui a crié vive M. Guilhem. M. l'avocat-général paraît attacher de l'importance à ce cri. Il serait bon de savoir de quelle bouche il est sorti ? — R. Il est sorti de la bouche de celui qui a enjambé par-dessus le mur ; mais je n'ai pas pris un pinceau pour le peindre.... (Bruyante hilarité.)

Un long débat, sans importance, s'engage sur les repas qui ont eu lieu dans la maison de Jossin.

M. DUPORTAIL, procureur du roi de Morlaix, explique que la défense qui s'est opposée à son départ avait cru qu'il avait signé une protestation contre l'élection de M. Drouillard. Ce fait est maintenant éclairci. Je n'ai point signé la protestation, dit-il, et je demande à me retirer.

LES DÉFENSEURS : nous n'y voyons pas d'objection.

15e *témoin*. — MATHURIN QUERÉ, tailleur de pierres : Jossin m'a demandé, le 2 août, si je voulais garder pendant la journée, que j'aurais cinq francs. J'ai été placé à une petite barrière, au fond de la cour du Pavillon ; on m'a donné la consigne de ne laisser entrer ni sortir personne dans la prairie.

M. PAILLARD DE VILLENEUVE : S'est-il présenté quelqu'un pour entrer ou pour sortir ? — R. Personne.

M. BERRYER : La récolte était-elle debout ? — R. Le foin était coupé dans la prairie.

M. FRESLON demande si le témoin n'était pas chargé de garder les pommes ? — R. On ne m'en a pas parlé.

M. LE PRÉSIDENT : Jossin, pour quel motif avez-vous placé là cet homme ? — R. Pour garder les pommes qui étaient vendues.

M. L'AVOCAT-GÉNÉRAL : Quoi ! cinq francs par jour pour garder des pommes !

M. BERRYER : Il est évident que M. Drouillard devait placer des gardiens pour empêcher la foule qu'il attirait chez lui de détériorer les propriétés.

16e *témoin*. — M. JACQUES, commis à cheval des contributions directes, habitait le Pavillon et ne sait rien du procès. J'y rentrais à toute heure de jour et de nuit. Il n'y avait pas, d'ordinaire, un portier au Pavillon. Ce jour-là, on en avait placé un ; mais, chaque fois que je pressais le loquet, la porte s'ouvrait.

M. BERRYER : C'est là une chose importante... Personne ne s'opposait donc au passage.

On introduit un témoin bas-breton, vêtu du costume de sa localité. M. le président lui demande : Savez-vous le français.

LE TÉMOIN, assez inintelligiblement : Non... je l'écorche beaucoup. (On rit.)

M. BERRYER : Dans une instruction, le témoin n'a pas eu besoin d'interprète.

LE TÉMOIN : Je n'entend pas...

M. LE PRÉSIDENT : Comment vous n'entendez pas le français, vous le parlez pourtant.

LE TÉMOIN : Je n'entends pas, je suis sourd. (On rit.)

On fait approcher le témoin, qui déclare se nommer Guillaume Berthoux, cultivateur à Riec. Un jour, dit-il, Hervé est venu chez moi, je lui ai demandé : d'où venez-vous ? Il m'a répondu : ça ne vous regarde pas. Et puis il a dit : j'ai gagné dans ma journée plus d'argent que vous et votre garçon.

Le témoin se trouble et M. le président est obligé de recourir à l'interprète qui traduit ses réponses.

D. Avez-vous appris quelque chose depuis... Que vous a dit Hervé ? — R. Il m'a dit : vous ne savez pas manœuvrer vos affaires comme je le fais, si vous le saviez vous auriez plus d'argent que vous n'en avez ; ça m'a étonné, parce que je savais qu'il n'était pas plus riche que moi.

D. Ne vous a-t-il pas dit autre chose encore ? — R. Il m'a dit encore : Si vous faisiez comme moi, vous seriez plus riche que vous n'êtes, vous pouriez marier vos filles... J'ai plus de fois cent écus que vous de pièces de cent sous.

M. PAILLARD DE VILLENEUVE : Le témoin est-il électeur ?

M. L'AVOCAT-GÉNÉRAL : Non, ni Hervé non plus.

D. Hervé ne vous a-t-il rien dit relativement au maire de Rieu ? — R. Il m'a dit qu'il avait offert au maire de Rieu une somme pour voter pour M. Drouillard.

Un jour, dans une auberge Hervé m'a invité à boire un verre de cidre ; je ne voulais pas quitter ma compagnie. Je voyais bien qu'il me faisait des signes, alors nous sommes entrés dans une autre auberge. Il y avait un nommé Legran. Nous sommes allés encore dans une autre auberge.

D. N'avez-vous pas dit à Hervé : L'argent de M. Drouillard roule par ici ? — R. Je le lui ai dit après. Nous sommes donc entrés dans une autre auberge, Hervé voulait toujours me faire boire en me di ant : Crois-tu donc que je n'ai pas besoin. Je lui ai répondu, je le sais bien ; l'autre jour vous m'avez dit que vous aviez plus de cent sous que moi de pièces de cent francs. Hervé m'a dit plus de mille que toi de pièces de cent sous moi j'ai dit : l'argent Drouillard roule par ici. Hervé dans ce moment a voulu m'empoigner, il a baissé la tête, on nous a séparés.

17e *témoin*. — M. DUFLEIL, principal du collége de Quimperlé : Ma déposition sera fort courte, avant de vous la faire, je voudrais dire en quelques mots comment j'ai été amené à déposer.

M. LE PRÉSIDENT : Faites d'abord votre déposition.

M. DUFLEIL : Je ne suis pas électeur. Le 2 août, le jour de l'élection, je fus abordé par M. Lepoix, électeur, je le priai d'entrer. Nous causâmes chez moi dix minutes. En le reconduisant, je lui demandai lequel des deux candidats devait l'emporter. Oh ! me répondit-il sans hésiter, c'est M. Drouillard qui l'emportera, nous sommes parvenus pendant la nuit à acheter quatre ou cinq électeurs ; il en coûtera 7,000 fr. Je fus surpris, je m'écriai : On donne donc des sommes considérables. Il est vrai répliqua-t-il, sans ce dernier sacrifice on aurait perdu tous les autres.

Le 21 janvier dernier, dans un cabinet de lecture, on disait, en parlant de ce procès, que tout se terminerait par un acquitement général. C'est mon opinion, ajoutai-je ; cependant des partisans de M. Drouillard font des aveux et je racontais ce que je viens de dire.

Un juré : Monsieur Lepoix, vous a-t-on dit qui avait donné les 7,000 francs ? — R. Non. Il m'a dit seulement qu'il avaient servi à acheter trois ou quatre électeurs dans la dernière nuit et qu'on avait donné à l'un d'eux 3,000 fr.

18e *témoin*. — M. Chicoisneau aîné, tanneur : J'étais dans une réunion où l'on parlait de l'élection. M. Dufleil nous apprit que M. Lepoix lui avait dit : M Drouillard a assuré son élection en donnant 7,000 fr. dans la dernière nuit.

D. Vous a-t-on dit que sur ces 7,000 fr. un électeur avait reçu pour sa part, 3,000 fr. ? — R. Je ne me le rappelle pas.

19e *témoin*. — Lepoix père, propriétaire à Quimperlé, se présente et à cette interpellation du président : êtes-vous parent des prévenus, il répond : Non, je suis l'ami intime......

M. le président : De qui ?

Le témoin : De ces messieurs... (il montre MM. Dufleil et Chicoisneau) des dénonciateurs !

M. l'avocat-général : Il n'y a pas de dénonciateurs ; il n'y a que des témoins.

M. Lepoix : A la chambre de lecture... je me trouvais à faire la lecture... (Le témoin semble fort troublé). J'ai eu le malheur de dire que la dernière nuit a coûté à M. Drouillard 7,000 fr. J'ai su que ce sont les partisans de M. Guilhem qui ont fait courir ce bruit. Je le disais à des amis de conscience... Je ne croyais pas que ce serait répété. Je défie qu'on attaque mon honneur. Je suis avec les légitimistes, je ne sais pas ce qui s'est passé chez les amis de M. Drouillard.

M. Berryer : Le témoin a répété ce qu'il avait entendu dire dans le public.

M. Dufleil : C'est au collége que la conversation a eu lieu et non au cabinet de lecture.

M. LEPOIX : Vous en savez plus long que moi. Je sais cela comme des choses que tout le monde disait. Je ne m'attendais pas, à mon âge, à faire un si grand voyage pour des bagatelles.

M. L'AVOCAT-GÉNÉRAL : Comment! des bagatelles.

M. LEPOIX : Je vous l'ai dit, je suis et j'ai toujours été innocent en tout et partout; notre situation est si triste à Quimperlé : il y a une douzaine de meneurs qui bouleversent tout; il n'y a plus rien, plus de société, depuis la venue de M. Guilhem. C'est lui qui nous a apporté cela ; j'ai donné mon vote à M. Drouillard, comme tous les gens honorables. (Ce témoin s'anime par degrés.) J'espérais que ça rétablirait la bonne harmonie. Ça n'a rien fait. (Ce témoin arrive au paroxisme de l'animation.) Oui, je suis peiné.... peiné de tout cela. (Le témoin est en proie à une vive émotion.) Mon vote, s'écrie-t-il, ne m'a rien rapporté.

M. LE PRÉSIDENT : Comment, vous dites que tous les hommes honorables ont voulu voter pour M. Drouillard, et vous savez qu'il avait acheté des votes pour 7,000 fr.

M. LEPOIX : Je ne savais pas cela.

M. LE PRÉSIDENT : Mais vous venez de le dire.

M. LEPOIX : Oh!

M. BERRYER : C'est pendant la nuit, en effet, qu'un certain nombre d'électeurs, par suite de l'adhésion de M. Drouillard au parti légitimiste, lui promirent leurs suffrages; est ce à l'adhésion de ces électeurs que faisait allusion M. Lepoix, ou bien à l'achat de plusieurs suffrages.

M. L'AVOCAT-GÉNÉRAL : Les deux choses sont possibles.

M. BERRYER : Il peut y avoir confusion. J'insiste pour que le fait soit déclaré.

M. DUFLEIL : Je maintiens ma déposition dans tous les termes.

M. LIMON, juge : A dix ou onze heures du matin, le jour de l'élection, une réunion nombreuse stationnait dans la cour; j'allai voir ce que c'était. M. Guilhem et M. Lepoix étaient aux prises. M. Guilhem disait : Monsieur, je ne m'attendais pas à vous voir voter pour M. Drouillard; si je ne me trompe, M. Guilhem ajouta : Vous avez pris l'engagement de voter pour moi.

M. Berryer : Affirmez-vous cela ?

M. Limon : Je l'affirme.

M. le président à Dufleil : A quelle heure M. Lepoix vous a-t-il parlé ? — R. A deux heures moins quelques minutes.

20e *témoin.* — Louis Puillandre, marchand de draps, rapporte que M. Delorme lui a dit que Michel Mathias lui avait proposé une somme de 1,500 fr s'il voulait voter pour M. Drouillard. Mme Delorme lui a dit en outre qu'on lui avait offert de lui faire faire gratuitement le voyage de Paris ; de plus, on lui aurait promis douze couverts en argent et une cueiller à potage.

D. L'offre de 1,500 fr., c'est Michel Mathias qui l'aurait faite ? — R. C'est Delorme qui me l'a dit.

D. Le sieur Bosquet ne vous a-t-il rien raconté ? — R. Il m'a raconté que Ledoussal lui avait dit : Je vous donnerai 300 fr. si vous empêchez Delorme de voter, et 1,200 fr. si vous le faites voter pour M. Drouillard.

Puillandre : Je suis un des signataires de la protestation. M. Ledoussal m'a menacé de me faire poursuivre; mais je suis resté ferme.

M. Paillard de Villeneuve : Le témoin n'a-t-il pas amené des électeurs de Querrien à Quimperlé ? R. C'étaient des électeurs qui se trouvaient indisposés. (Rires et légères rumeurs.)

D. N'avez-vous pas entendu dire que les agents de M. Drouillard parcouraient les campagnes pour intimider les témoins, postérieurement à l'instruction ? — R. Je l'ai entendu dire.

D. Les gendarmes ont-ils connaissance de cela ?

Le gendarme Schneider : Certainement ; nous les avons vus.

Le gendarme Meunier : Nous les avons vus au bourg de Querrien.

M. Freslon : Ils sont marchands de bois, ce n'est pas bien étonnant.

M. Prou : Puillandre vient de dire qu'il était un des signataires de la protestation. On y rapporte fort au long que des propositions d'argent ont été faites à Delorme par Ludoussal, Bréart et Evanno. Il certifie ce fait, puis, dans une nouvelle rectifiation, il a dit que les offres lui avaient été faites par Michel Mathias. C'est une accusation qui tombe sous les faits qui viennent d'être révelés. Comment les faits ont-ils été enrichis par les auteurs de la protestation?

Puillandre : Delorme m'a parlé de l'offre de Mathias ; il ne m'a pas parlé de celles de M. Breart, Ledoussal et Evanno. Il ne m'a parlé de M. Bréart que pour le voyage de Paris.

M. Freslon : La protestation a été délibérée; M. Limon nous l'affirmait hier. Comment se fait-il que vous ne l'ayez pas rectifiée?

Les défenseurs insistent avec vivacité sur les variations qui viennent d'être relevées. Ce n'est qu'au dernier moment et à cause du certificat de M. Delorme qu'a paru le nom de Mathias Michel.

Puillandre : J'ai lu la protestation de confiance, le premier paragraphe seulement; je n'ai pas lu le tout.

M. Berryer : Il n'y a plus de questions à faire, dès le moment que le témoin a signé une protestation sans la lire.

M. le président . Le témoin a prêté un serment solennel.

M. Berryer : C'est une chose solennelle aussi qu'une protestation devant le pays.

M. le président Fait retirer Jossin et donne à Carré l'ordre de rentrer.

D. Vous avez été associé avec Jossin? — R. Oui, pour le commerce du bois.

D. Vous avez signé des billets? — R. Oui.

D. Avez-vous emprunté à M. Peyron? — Oui.

M. le président : Ne regardez pas M. Peyron.

D. Depuis quelle époque avez-vous emprunté de l'argent à M. Peyron? — R. Depuis 1845.

D. Combien de fois? — R. quatre ou cinq fois.

D. Qui signait les billets? — R. Tous les deux.

D. M. Peyron vous a-t-il prêté de l'argent avant 1845? — R. Je ne crois pas, M. Peyron ne m'a prêté que depuis 1845.

M. Freslon : M. Carré vient de déclarer qu'avant 1845 il avait emprunté en commun avec Jossin de M. de Frêne.

M. l'avocat-général : Sur quoi?

Carré : M. de Frêne avait confiance en moi: il ne nous a pas demandé notre signature.

M. l'avocat-général : Depuis 1845, combien M. Peyron vous a-t-il prêté à vous seul? — R. Une fois 2,800 fr.

On fait rentrer Jossin.

D. Avez-vous emprunté souvent de l'argent à M. Peyron? — R. Quelquefois.

D. A quelle époque avez-vous commencé ces emprunts? — Je ne puis préciser l'époque.

D. Pour quelle affaire empruntiez vous?—R. Pour des bois.

D. Y a-t-il longtemps que vous vous êtes associés. — R. Je ne le sais pas au juste.

D. Quand vous empruntiez, qui signait les billets?—R. Tous les deux.

D. Enfin vous ne pouvsz pas dire à quelle époque vous avez commencé à emprunter chez M. Peyron? — R. Je ne me le rappelle pas.

M. le président : N'avez-vous pas emprunté une fois 9 a 10,000 fr. Carré et vous ? — R. Nous avons emprunté 5 ou 6,000 fr. chez M. Rousseau, notaire; il est là, il peut le dire.

D. N'avez-vous pas emprunté chez une autre personne. — R. Oui. Nous avons emprunté avec lui 8 ou 10,000 fr. chez M. Rousseau.

M. le président : Est-ce vous seul qui avez emprunté chez M. Rousseau, ou vous et Carré; mais ne regardez donc pas

Carré. (Rires.) ? — R. C'est Carré et moi qui avons emprunté.

On fait rentrer les accusés et on leur donne connaissance de ce qui a été dit en leur absence.

21e *témoin*. M. Aubry, secrétaire de la sous-préfecture, est introduit ; il n'a pas déposé dans l'instruction.

M. L'avocat-général : Un électeur n'a-t-il pas parlé au témoin d'offres d'argent qui lui ont été faites ?

M. Aubry : J'étais allé chez M. Brizonac, à Orancie, pour l'engager à aller voter pour M. Guilhem, il m'a dit qu'on lui avait fait des propositions d'argent au nom de M. Drouillard, mais que cela ne l'empêchait pas de voter pour M. Guilhem.

M. Berryer : Etes-vous allé seul chez Brizonac.

M. Aubry : Non, j'étais accompagné par M. le sous-préfet.

M. Paillard de Villeneuve. Chez qui Brizonac a-t-il passé la nuit de samedi au dimanche ? — R. Chez moi.

M. le président : Faites entrer Brizonac ?

L'huissier : Il est absent.

M. le président : Il ne devait pas sortir, faites garder les témoins.

22e *témoin*. François Le Gallic, propriétaire à Querzalon, commune de Querrien, est le gendre de Lefflécbier.

M. le président : Que savez-vous de cette affaire ?

Le Bas-Breton se met à rire, remue ses épaules au milieu de l'hilarité générale.

M. le président : Dites donc ce que vous savez sur cette affaire.

Le Gallic : L'affaire de mon beau-père!

M. le président : Non, n'avez-vous pas eu besoin d'argent au mois de février 1846 ? — R. Oui.

D. A qui en avez-vous demandé ? — R. A Jossin.

D. Il vous a remis... combien ? — R. 900 francs avec intérêt.

D. Vous avez fait un billet ? — R. Oui.

D. Que vous a-t-on dit plus tard ? — R. On m'a dit qu'on aurait déchiré le billet si j'avais voulu voter pour M. Drouillard, mais je n'ai pas voulu voter à prix d'argent ni pour M. Drouillard ni pour personne.

D. Vous avez remboursé le billet. — R. Oui.

D. Jusqu'à quelle époque vous prêtait-on cet argent ? — R. Jusqu'en septembre.

Un juré. Avez-vous payé les intérêts ?

Le Gallic : Oui, à 5 pour cent.

Jossin explique que Le Gallic avait besoin d'argent et qu'il en avait demandé à M. Peyron au nom de M. Drouillard, avec intérêts à 4 pour cent.

M. le président : Jossin, vous avez proposé au témoin Le Gallic de déchirer le billet? — R. C'est faux.

Un juré. Pourquoi le billet n'a-t-il pas été fait au nom de M. Peyron. — R. M. Peyron m'avait dit de faire faire les billets au nom de M. Drouillard.

M. le président : Le Gallic, vous affirmez bien qu'on vous a offert de déchirer le billet. — R. Je n'y aurais jamais consenti.

M. Freslon. N'a-t-il pas été question de déposer le billet en main tierce. R. Non.

M. Freslon. D'autres témoins, des personnes de la famille de Legallic, déposeront de cette circonstance.

M. Faugeyroux : N'est-il pas à la connaissance de M. Baugendre, que le soir du banquet de Querren, M. Drouillard a parcouru la rue du Château dans toute sa longueur, et qu'il l'aurait parcourue dans sa largeur s'il n'avait été soutenu par M. Ferec.

M. Baugendre : Je l'ai entendu dire par M. Blin et M. de la Fosse.

M. Drouillard : J'affirme que je suis sorti en voiture et que je ne suis descendu qu'à la porte de M. Ferec.

M. Faugeyroux: Le Gallic était-il au banquet de Querrien? — R. Oui.

M. Faugeyroux : N'avez-vous pas entendu dire que M. Drouillard était... sou ? (Rumeurs.) — R. Si.

M. Faugeyroux : M. Drouillard n'avait-il bu que de l'eau?

M. le président : N'insistez pas là-dessus.

M. Prou Le défenseur de Leflecher cherche à jeter ici des choses odieuses et ridicules.

M. Faugeyroux: Je ne veux établir que la position des Leflecher, qui auraient été sacrifiés dans votre défense pour sauver vos clients.

M. Freslon : Attendez donc que la défense se prononce avant de l'attaquer d'une manière odieuse.

M. Berryer, souriant : Non, pas odieuse.

M. Segris : Je n'assume pas la responsabilité de la défense de mon client.

M. Freslon proteste de nouveau avec fermeté contre les paroles de son jeune confrère.

M. le président à M. Faugeyroux : Vous êtes plein de bonne volonté pour votre client, mais vous n'avez peut-être pas une grande habitude des débats judiciaires... Il faut attendre que les faits soient établis avant d'en tirer des inductions.

MM. Baugendre, Daniel et Rousseau donnent des renseignements excellents sur la moralité du témoin.

22e *témoin*. — François Cadi, propriétaire, membre du conseil d'arrondissement, cousin du précédent témoin : Le jour de l'élection, mon vote a été fait par M. Chaceley aîné, parce que je ne suis pas habitué à écrire ; je l'ai remis à M. le président. Je suis sorti, un monsieur m'a frappé sur l'épaule en me disant : Rappelle-toi de moi, dans quinze jours je te conduirai devant le procureur du roi.

D. N'avez-vous pas emprunté de l'argent ? — R. Oui, à

M. Peyron, pour ma famille qui avait acheté un morceau de terre.

D. A quelle époque? — R. Cinq ou six mais avant l'élection.

D. Combien vous a-t-on prêté? — R. 1,000 fr.

D. Peyron vous a-t-il engagé à voter pour Drouillard. — R. Non, il m'a dit qu'il serait content que je vote pour celui-ci. Comme ce n'était pas mon intention, j'ai rendu l'argent.

23e *témoin.*—François Chanceley dépose qu'il a vu sur la place de Quimperlé une femme qui demandait son mari absent depuis quatre jours. C'était un électeur qu'on avait mené en pélérinage à Saint-Anne-d'Auray.

Le témoin, qui a signé la protestation contre l'élection de M. Drouillard, est interpellé sur le fait de la signature extorquée à Leflecher père, et entre dans de longues explications à ce sujet. Comme le fait doit revenir dans les autres dépositions, nous n'en parlerons pas en ce moment.

Le témoin continue :

Nous étions à nous promener sur la place Saint-Michel, lorsque le commissaire de police nous accoste et nous dit : s'il y a quelqu'un d'attrappé dans cette affaire, c'est François Cadi, si M. Guilhem n'est pas nommé, il ne lui cédera pas sa propriété.

Je dois ajouter que M. de Kersain vint me faire visite et me dit : Vous savez que je suis un des candidats.— Oui, dis-je, mais j'ai appris que vous vous étiez retiré. Il me dit qu'un monsieur avec lequel il avait parlé de la députation, lui avait dit que pour soutenir sa candidature, il fallait acheter 30 voix et qu'alors M. de Kersain avait répondu, à ce prix là, il ne serait jamais député. Cette personne qui a dit çà à M. de Kersain, c'est M. de Manduit Casimir. J'aurais désiré ne pas dire le nom à la cour.

M. de Kersain ajouta, je ne viens pas demander votre voix pour moi, puisque vous l'accordez à M. Guilhem, c'est un homme très honorable. Tout ce que je viens vous demander, c'est qu'en cas d'un second tour de scrutin, vous lui donniez la préférence sur M. Drouillard.

M. Drouillard : Je ne puis laisser passer une telle parole : M. de Kersain est mon ami, et il a dit devant tous les électeurs, dans la cour du collége, qu'il me tenait pour un homme d'honneur.

M. L'AVOCAT-GÉNÉRAL : Persistez-vous dans votre déposition ?

LE TÉMOIN : Oui, il y avait même, je crois, des témoins à cette scène.

M. le président demande des renseignements sur la moralité du témoin ; ils sont excellents.

M. PUILLANDRE : C'est le même fait qui s'est passé chez moi en présence de ma femme, de ma bonne, M. de Kersain a dit qu'il ne voulait être député dans aucun pays à prix d'argent.

M. FRESLON : Le témoin a fait remarquer les courses qui ont été faites par les partisans de M. Drouillard pour les électeurs ; je demanderai au témoin si lui-même n'a pas été à la recherche des électeurs ? — R. J'y suis allé sur l'invitation de M. le maire ; ils étaient malades.

M. FRESLON : Toutes les fois que j'adresse aux témoins des questions pour savoir s'ils ont été chercher des électeurs pour M. Guilhem, ils me répondent tous affirmativement, mais en s'enveloppant de réticence ; ainsi, un a été avec la voiture chercher un électeur paralytique, un autre indisposé ; il paraît que tous les électeurs de M. Guilhem étaient malades. (Rires dans l'auditoire.)

M. LE PRÉSIDENT : Faites entrer le témoin Brisoualle, qui s'était retiré comme indisposé.

24e *témoin*. — Benjamin BRISOUALLE, cultivateur : Je suis électeur ; on ne m'a fait aucune proposition pour voter pour M. Drouillard.

D. Vous rappelez vous que Aubry est venu chez vous ? — R. Oui, il est venu avec le sous-préfet ; ils étaient deux autres, Diouvarre et Féclut. On a parlé élection, et je me suis décidé à voter comme M. le sous-préfet voulait. Mais mon neveu, Diouvarre, me dit : Mon oncle, venez avec nous ; il est presque sûr que M. Drouillard passera.

M. BERRYER : Maintenant, nous demandons au témoin où il a passé la nuit ? — R. J'ai passé la nuit chez M. Aubry.

M. PAILLARD DE VILLENEUVE : Etes-vous allé à pied ? —

R. Non en cabriolet avec M. le sous-préfet et son secrétaire.

M. LE PRÉSIDENT, à M. Aubry : M. Aubry, qu'avez-vous dit? — R. J'ai dit que le témoin m'a dit qu'on lui avait offert de l'argent.

LE TÉMOIN : Oh! dame par exemple, j'avais dit ; je parie que si j'avais voulu demander 1,000 fr. je les aurais eu.

M. LE PRÉSIDENT : A qui les auriez-vous demandé? — R. Je n'en sais rien, j'ai entendu dire que l'on donnait de l'argent pour ceux qui votaient pour M. Drouillard, mais c'est seulement ce que j'ai entendu dire, je ne l'ai jamais vu.

M. FRESLON : Avez-vous signé la protestation. — R. Oui.

D. L'avez-vous lue? — R. Non, on me l'a lue.

D. Qui? — R. M. Limon.

M. FRESLON : Le fait est grave, M. Limon disait hier, qu'il n'avait pas quitté Quimperlé.

M. Limon entre dans de longues explications à ce sujet et rappelle ce fait qu'en lisant la protestation à Brisoualle, celui-ci, arrivé au paragraphe relatif à Leduc, aurait dit : Oh ! çà c'est vrai.

BRISOUALLE prétend qu'il n'a parlé que par ouï dire.

M. FRESLON constate que les souvenirs de M. Limon l'ont mal servi hier et qu'il a oublié de faire mention de la circonstance de cette visite à Brisoualle.

L'audience est levée à 5 heures et renvoyée à demain 10 heures du matin.

TROISIÈME AUDIENCE. — *Vendredi 12 Février.*

L'audience est ouverte à 10 heures 1/2.

M. le procureur du roi de Quimperlé croit devoir porter une circonstance à la connaissance du jury et de la cour. Le témoin Singuen a cherché à corrompre le témoin Taëron. Deux témoins peuvent attester le fait. Les mêmes tentatives ont été faites à l'égard de Karère, homme timide et irrésolu.

M. le président fait entrer le témoin Singuen, assigné à la requête de M. le procureur général.

27e *témoin*. — Yves SINGUEN, greffier de justice de paix. (Le témoin est un vrai bas-breton, dont la belle figure, dont le costume pittoresque, dont les longs cheveux blonds excitent l'intérêt général.)

Il dépose qu'il a entendu avec peine M. le procureur général lui reprocher d'avoir voulu corrompre un électeur. Il ajoute qu'il a vu le nommé Debout pour la première fois au mois d'avril dernier. Il n'a pu, dit-il, lui offrir d'argent, car, à ce moment, le témoin lui-même ne savait pas s'il viendrait à l'élection.

Singuin continue : J'ai entendu dire qu'il y a eu des dîners de part et d'autre, par M. Guilhem et par M. Drouilard ; à Quimperlé, à Querrien, on m'a sollicité dans les élections pour avoir ma voix. M. le sous-préfet est venu même chez moi m'inviter à voter pour M. Guilhem, on a voulu me faire acheter.

Tout cela m'a dégoûté des élections ; je ne voulais pas y aller du tout ; je ne m'y suis décidé que le 4 juillet.

M. LE PRÉSIDENT : Voilà votre déposition faite. Vous prétendez que vous n'avez offert de l'argent à personne ? — R. Non.

D. Vous êtes ici depuis deux ou trois jours ? — R. Oui.

D. Avez-vous parlé aux témoins ? — R. Non.

D. A Taéron ? — R. Je ne lui ait pas dit un mot.

D. Et à Carère ? — R. Je lui ai demandé des nouvelles de son frère.

D. Vous ne lui avez point parlé des élections ? — R. Non.

Nous interrogerons les témoins à cet égard.

M. LE PRÉSIDENT : Carré, approchez que je vous interroge.

Faites retirer Peyron et Jossin.

M. LE PRÉSIDENT à Carré : Il résulte des livres de Peyron

que Jossin et vous vous avez emprunté 11,000 fr. depuis le mois de septembre1846; quel emploi en avez-vous fait? — R. Nous avons acheté du bois et du grain.

D. A qui? — A diverses connaissances.

D. Je vous parle de 1845 et 1846. Quel emploi avez-vous donc fait de ces 11,000 fr.? — R. Ça m'a servi pour mes affaires... Nous avons acheté des bois chez M. Bourriquet.

M. L'AV.-GÉN. : Pour combien? — R. Pour 1,000 fr.; nous avons fait un autre marché de 2,000 fr.

M. LE PRÉSIDENT : Ça ne fait que 3,000 fr.... après? — Nous avons encore acheté avec Peyron des bois pour 300 francs.

D. Voilà 1,300 fr.; quel a été l'emploi du surplus de 1,300 francs? — Je l'ai employé à autre chose.

D. Ah! vous avez emprunté cet argent pour vos affaires communes... quelles sont-elles? — R. J'ai encore de cet argent.

D. Quoi!... depuis 13 mois!... — R. Nous avons partagé ces 11,000 fr... J'en ai pris la moitié.

D. Qu'en avez-vous fait? — R. Le reste n'est pas employé.

D. A quelle époque avez-vous acheté une propriété? — R. Au mois de juillet 1846.

D. Combien? — R. 15,000 fr.

D. Combien avez-vous payé sur l'argent emprunté? — Je ne sais pas au juste.

M. le président lit une note contenant l'indication des frais faits en commun.

M. BERRYER : J'ai là entre les mains le compte général qui a été remis par M. Peyron à M. Drouillard. Il porte les remboursements qui ont été faits par Carré. J'en trouve un, à la date du 9 octobre 1846, de 2,000 fr. Quand on emprunte, on rend... Ce sont là des documents beaucoup plus sûrs que les paroles.

M. L'AV.-GÉN. : Ces documents n'ont pas été produits à la justice.

M. LE PRÉSIDENT : Comment s'est fait le paiement des intérêts sur un billet de 2,000 fr. souscrit en septembre 1845? — R. Je les ai payés en remboursant le montant du billet.

M. LE PRÉSIDENT : Le 2 janvier 1846, vous avez emprunté 4,000 fr. Qu'en vouliez-vous faire ? — R. Je ne me rappelle pas.

M. L'AVOCAT-GÉNÉRAL : Quand avez-vous remboursé les 4,000 fr. — R. A l'échéance.

M. LE PRÉSIDENT : A la fin de janvier, vous avez emprunté 4,200 fr. Qu'en vouliez-vous faire ? — R. C'était pour la même opération.

D. Laquelle ? — R. Un achat de bois.

D. Ces billets portaient intérêts ; quand les intérêts ont-ils été payés ? — R. Ils n'ont pas encore été payés ; l'échéance n'est pas encore arrivée.

M. L'AVOCAT-GÉNÉRAL : Messieurs les jurés, nous avons hésité si nous ne ferions pas saisir les livres.

M. PAILLARD DE VILLENEUVE : M. Peyron nous les a offerts spontanément. Il a dit au juge d'instruction en septembre : Mes livres sont à votre disposition. Ainsi, vous n'avez pas été obligés de faire saisir les livres et vous n'aviez aucun motif pour le faire, puisqu'on vous en offrait la représentation.

M. BERRYER : Je voudrais pour beaucoup avoir les livres. On convient que cela serait plus sûr et nous aurions quelque chose de certain à offrir à MM. les jurés.

Jossin est ramené, on l'interroge.

D. Vous avez emprunté à M. Peyron, le 2 janvier 1846, une somme de 4,000 fr. sur votre signature et celle de Carré. Qu'en avez-vous fait ? — R. J'ai acheté du blé.

D. A qui ? — R. Je ne puis nommer toutes les personnes auxquelles j'ai eu affaire.

D. Avez-vous acheté du bois ? — R. Plusieurs fois.

D. Pour combien ? — R. Je ne sais.

D. A qui ? — R. A plusieurs personnes.

D. Le 23 janvier, vous avez emprunté encore 4,200 fr. ? — R. Oui.

D. Comment ont été payés les intérêts du premier billet de 4,000 fr. — R. Je ne me rappelle pas..... On me trouble.... J'ai eu la fièvre cérébrale... Interrogez le docteur Braugendre, il m'a soigné, il certifiera le fait.

L'interrogatoire de Jossin continue et porte sur les sommes empruntées par lui et Carré, puis sur la façon dont les intérêts ont été payés.

M. Peyron est introduit et on l'interroge sur les diverses allégations de Jossin et de Carré.

Cette partie du débat, complètement abstraite, offre peu d'intérêt.

M. L'AVOCAT-GÉNÉRAL donne lecture de la déposition faite par le sieur Loyer, maître de poste à Rosporden, décédé, et qui constate que Dagorn, revenant de Quimperlé, passa devant chez lui, qu'on l'invita à entrer et à prendre un verre de cidre. Dagorn était un peu en ribotte et dit au témoin : Je viens des élections, c'est moi qui ai fait nommer M. Drouillard. Mais les choses se sont passées d'une manière dégoûtante ; j'ai fait comme les autres et j'ai reçu trois sacs.

M. BERRYER : Dagorn a-t-il reçu 1,800 fr.? A quelle époque les a-t-il reçus ?

DAGORN : J'ai en effet emprunté 1,800 fr.

D. A quelle époque ? — R. Le 22 juin 1846.

D. Pour quel besoin ? — Pour payer des droits de mutation.

D. Ne vous a-t-on pas proposé de déchirer le billet si vous votiez pour M. Drouillard. — R. Non.

Dagorn, interrogé sur la moralité de Loyer, déclare qu'il le croit un honnête homme et qu'il ne lui connaît aucun motif d'animosité contre lui.

M. BERRYER : Quelle était l'échéance des 1,800 fr. ?

DAGORN : Au mois de septembre. Je les ai remboursés.

M. BERRYER : A-t-il voté pour M. Drouillard. — R. Oui.

M. PAILLARD DE VILLENEUVE : A-t il écrit son bulletin lui même. — R. Oui.

M. PROU : Dagorn n'avait pas besoin d'être acheté par le

concurrent de M. Guilhem, car depuis quinze ans qu'il est électeur il a toujours voté contre ce dernier. (On rit.)

Ici, et à propos d'une observation de M. l'avocat-général, M. Berryer trouve l'occasion d'exposer en quelques mots d'une parfaite netteté les principes sur lesquels reposent la comptabilité d'un banquier et ses rapports avec ses clients. Cet incident, peu important en lui-même, sera l'objet des discussions de la plaidoierie et du réquisitoire et nous croyons inutile de le reproduire.

M. LE PRÉSIDENT : Dagorn, niez-vous les propos rapportés par Loyer ?

DAGORN : Ce que j'ai dit, je le prouverai ; quand vous aurez entendu les témoins, vous verrez qu'il est vraiment dégoûtant d'être électeur à Quimperlé.

28e *témoin*. — Mme LOYER répète la conversation de son mari et de Dagorn ; après avoir parlé d'élections, celui-ci lui dit : Ma foi, nous sommes les vainqueurs, mais ça n'a pas été sans travailler ; vraiment, j'ai honte d'être électeur à Quimperlé. —Mon mari lui dit : Mais vous ne vous en êtes pas mal tiré ; il répondit : Ah ! ma foi, j'ai fait comme les autres, j'ai reçu trois sacs.

M. LE PRÉSIDENT : Vous êtes parfaitement sûre de ce que vous dites ? — R. Oh ! oui, je le jure devant Dieu.

M. LE PRÉSIDENT : Votre mari n'était pas ivre lorsqu'il vous a dit cela ? — R. Non, du moins, je ne m'en suis pas aperçue ; il était très rouge, mais c'est son habitude.

D. Votre mari est mort ? — R. Oui, j'ai appris sa mort ici. Lorsque je le quittai, la veille de mon départ ; je lui ai dit : Tu vois, mon cher ami, c'est toi qui me fais aller à Angers.—Il me répondit : Ma chère amie, je t'ai dit toute la vérité.

M. LE PRÉSIDENT : Dagorn, qu'avez-vous à répondre ?

DAGORN : Je n'ai pas dit cela.

LE TÉMOIN : Vous l'avez bien dit, je le jure.

M. LE PRÉSIDENT : Dagorn, cette femme a-t-elle quelqu'inimitié contre vous ?

DAGORN : Cela se peut bien.

LA FEMME LOYER : Oh ! mon cher ami, qu'est-ce que vous dites ? Il faut, messieurs, que je vous conte quelque chose.

Un jour, ma petite fille jeta de l'eau par la fenêtre ; elle venait de rincer des verres ; Dagorn passait avec son fils et un autre paysan à cheveux rouges ; il prétendit que c'était à dessein que ma fille avait voulu l'arroser.

M. LE PRÉSIDENT : Passez, ceci est peu intéressant.

Je vous prie, monsieur le président, de me permettre de retourner chez moi, vous comprenez ma douleur.

M. LE PRÉSIDENT : Attendez que le témoin Jaouen ait été entendu.

29e *témoin*. — Hyacinthe LEGOFF, tanneur-corroyeur à Quimperlé : Le dimanche, le jour des élections, j'étais près de chez moi, je vis passer les voitures qui transportaient les électeurs de M. Drouillard ; j'ai reconnu le fils de M. Mauduit, Hippolyte ; c'est lui qui ouvrait les voitures et qui disait aux électeurs : Entrez.

Un peu plus tard, j'ai vu Cadi poursuivi par M. de Lavillemarqué, qui le menaçait en lui faisant voir son ruban rouge à sa boutonnière.

30e *témoin*. — Louis LEMESTRIC, cultivateur à Rieu : J'ai entendu dire par Le Talec qu'on lui avait offert 200 fr. ; Taëron a dit qu'on lui avait offert 900 fr.

D. Ne savez-vous pas autre chose ? — R. M. Ledoussal a dit que François Cadi avait reçu un sac de 2,000 fr., mais qu'il l'avait rendu, parce qu'on l'avait poursuivi.

M. BERRYER : Le Talec est maire de Rieu.

31e *témoin*. — M. DAVID, propriétaire à Pont-Aven, dépose qu'en allant chez M. Drouillard il vit plusieurs électeurs couchés à terre et a entendu l'un d'eux dire à M. Drouillard : « Donnez-moi cinq francs ou cent francs de plus et je vous donnerai ma voix. »

M. Drouillard se lève pour protester.

M. BERRYER : Qui a dit cela ?

M. DAVID : C'est M. Taupin.

M. BERRYER : Le témoin n'avait pas été entendu dans l'instruction. Il a été assigné à la requête de M. l'avocat-général.

M. FRESLON : Le témoin n'est-il pas le neveu de M. Aubry, secrétaire de la sous-préfecture.

DAVID ; Oui, monsieur.

M. FRESLON : Aurait-il rapporté ce propos à son oncle ? — R. Non.

M. LE PRÉSIDENT : Y a-t-il deux personnes qui portent le nom de Taupin ? — R. Je n'en sais rien.

M. BERRYER : Qui a indiqué ce témoin ?

M. L'AVOCAT-GÉNÉRAL : C'est M. Tahier, procureur du roi à Quimperlé.

M. BERRYER : On pourrait alors lui demander pourquoi Taupin n'a pas été assigné ?

M. LE PROCUREUR DU ROI : Voici pourquoi. Il n'a pas parlé de cela à son oncle, M. Aubry, et je n'ai jamais su qu'il eût nommé M. Taupin. Je croyais qu'il attribuait seulement ce propos à *un électeur.*

M. L'AVOCAT-GÉNÉRAL : M. le procureur du roi ne pouvait faire un acte d'instruction.

M. FRESLON : Je croyais que M. l'avocat-général s'en reposait complètement sur M. le procureur du roi de Quimperlé, qui n'est pas moins prudent et circonspect que lui. (On rit.)

32e *témoin.* — JAOUEN : J'étais allé à Quimperlé. A mon retour, j'ai rencontré Dagorn ; nous avons bu ensemble. Je suis monté sur la croupe du cheval de Dagorn jusqu'à Rosporden. Là nous sommes entrés chez Loyer. Dagorn a dit que M. Drouillard avait été nommé. Loyer a répondu : Tant mieux ; et il a ajouté : Vous avez été bien traités ? Dagorn a répondu : Oui ; nous avons été bien traités. Nous avons été trois ou quatre en voiture et nous n'avons pas bu d'eau, mais bien du Champagne.

D. Et après ? — R. Dagorn a dit ; j'ai fait tout mon possible; quand je suis pour un homme, j'y vais de tout cœur.

D. Ensuite. — R. Dagorn a dit qu'il avait porté une pièce de cinq francs avec lui et qu'il l'avait laissée dans une maison où il y avait une marche.

D. A-t-il dit qu'il avait honte d'être électeur ? — R. Oui.

D. A-t-il dit qu'il y avait des électeurs qui avaient reçu de l'argent et que lui-même en avait reçu ? — R. Je n'ai pas entendu cela.

D. Etes-vous bien sûr de n'avoir entendu que ce que vous avez dit ? — R. Oui.

Mme Loyer : C'est qu'il ne veut pas tout dire. Dagorn n'a-t-il pas dit qu'il avait fait comme les autres ?

Jaouen : Oh ! non.

Mme Loyer : Il ne faut pas mentir.

Jaouen : Je ne ments pas.

M. le president : Vous ne mentez peut être pas, mais vous ne dites pas toute la vérité.

M. Prou : D'après Mme Loyer, Dagorn a dit qu'il avait fait comme les autres. Qu'est-ce que vous voulez dire ?

Mme Loyer : C'est ce que j'ai entendu.

M. le président : Jaouen a-t-il dit quelque chose ?

Mme Loyer : Il n'a pas soufflé mot.

Un juré : Quand Dagorn a dit qu'il avait honte d'être électeur, à propos de quoi ? — R. Il ne l'a pas dit ?

Un autre juré : Dagorn nie-t-il qu'il ait dit qu'il était honteux d'être électeur.

Dagorn se lève. (Vif mouvement de curiosité.) Réellement je l'ai dit, c'est une honte d'être électeur et je le soutiens. Quand on voit des électeurs, comme les Leflecher, dire qu'ils ont eu les reins brûlés , quand on en voit d'autres ivres-morts sur des charrettes ; on a honte d'être électeur et cela me révolte dans mon caractère de Bas-Breton ; car, tout *sauvage* que je suis, j'ai encore du sang dans les veines. (Bruyante hilarité.) Cette allusion, à un mot échappé à M. le président, produit une vive impression dans l'auditoire.

Je suis électeur depuis 1830 et je ne crains pas de dire à qui j'ai donné mon vote. (Silence.)

A la première élection, M. de Kermorial, l'un des candidats, était mon voisin. Il avait pour concurrent M. le vicomte de Châteaubriant ; je savais que M. de Kermorial avait fait une grande brèche à sa fortune et je ne voulais pas lui permettre de la réparer par la députation. (Sensation.)

J'ai voté pour M. le vicomte de Châteaubriant,qui a bien voulu se rappeler mon vote ; il m'a envoyé ses œuvres.C'est un ouvrage qui restera toujours dans ma famille, que je léguerai à mes enfants, qui le garderont comme un souvenir de l'amitié de M. de Châteaubriant. Malheureusement,nous avons échoué pour M. de Châteaubriant. M. de Kermorial, qui l'a emporté, a reçu une place à Lorient.

Aux élections qui suivirent, M. le vicomte de Châteaubriant refusa de se mettre sur les rangs. Alors j'ai donné ma voix à l'honorablé M.Berryer.(Il se tourne avec émotion vers l'orateur,) et je m'en fais honneur.

Il n'y avait pas de balance entre M. de Kermorial et M. Berryer.

Aux troisièmes élections, on a mis sur les rangs M. Duquiller et M. Turpenn ; je ne connaissais pas M. Turpenn, qui habite Paris, et moi le fond de la Basse-Bretagne, mais je connaissais M. Duquiller, je l'avais vu enfant, je connaissais sa famille, je savais qu'il était incapable de mal servir nos intérêts. Nous échouâmes encore, nous avions toujours le malheur, alors M. Turpenn fut nommé,je lui rends hommage, il a été utile à l'arrondissement.

M. Turpenn a été nommé deux fois, je ne sais pas pour quel motif il a refusé une troisième fois, il fallait un candidatpour le remplacer ; c'est alors que M. Guilhem s'est présenté aux-élections. Quelques électeurs jetaient les yeux sur M. de Carné ; je connaissais la famille de ce candidat. Je le savais homme capable ; j'ai quitté M. Duquiller. Je fis écrire à M. de Carné qu'il pouvait compter sur moi, mais nous échouâmes encore. Nous avions décidément du malheur. (On rit.)

M. Duquiller fut donc nommé. Quatre ans après, j'ai voté pour M. Guilhem ; c'était un vote de complaisance. M. le marquis de Langle était alors sous-préfet de Quimperlé, j'étais membre du conseil d'arrondissement, j'en fais partie depuis quinze ans. M. de Langle me pressa de voter pour M. Guilhem, je résistai d'abord, mais il insista et, par dévoûment pour lui, je me décidai à voter pour M. Guilhem.

Aux dernières élections, j'ai dû voter autrement, mais ce n'est ni l'or ni l'argent de M. Drouillard qui m'ont engagé à lui accorder mon suffrage. Depuis septembre 1845, mon vote était connu, M. Guilhem le savait. Le maire de Concarneau qui est membre du conseil général, m'avait invité à dîner et me demanda si j'avais pris des engagements. Je lui répondis que j'avais dit à M. Drouillard : Voyez les autres électeurs, si vous avez des chances, je voterai comme vous. M. le maire de Concarneau insista; il me vit plusieurs fois et je me laissai aller à lui faire une sorte de promesse, mais en faisant mes réserves. Plus tard, j'écrivis que je refusais; mais M. Guilhem n'était pas découragé et il espéra peut-être et se promit de me voir au concours de charrues. J'y allai en effet et là je fus victime de deux injustices. Deux primes que j'avais gagnées ne me furent pas accordées. On essaya même de me faire rayer de la liste électorale, mais la cour de Rennes me maintint sur la liste. Je défie qu'on puisse affirmer ici (et tout le monde me connaît, qu'on me démente)! que j'aie dit : Je voterai pour M. Guilhem. Jamais je n'ai manqué à ma parole (avec force), jamais je n'ai caché ce que je pense. Quand je suis pour un candidat, c'est de tout cœur; prouvez-moi que je me trompe, et j'en prends un autre (agitation).

M. LE PRÉSIDENT : Expliquez-nous donc, M. Dagorn, pourquoi vous auriez dit que vous étiez honteux d'être électeur? — R. Je viens de le dire : parce qu'il y avait des gens qui jetaient les électeurs comme des *corps-morts* dans les voitures.... c'est une honte pour mon pays! (Longue agitation et mouvement.)

M. LE PRÉSIDENT : MM. les jurés, nous ne pouvons qu'admirer avec tout le monde le talent qu'a employé le prévenu dans sa défense, mais enfin restent deux témoignages bien graves contre lui; ceux de Loyer et de sa femme.

33e *témoin*. — Marie-Laurent Le Talec, cultivateur et maire.

Le témoin dépose que le nommé Hervé est venu le trouver chez lui et lui a offert 1,200 fr., s'il voulait voter pour M. Drouillard. Il lui renouvela cette proposition un autre jour chez un aubergiste, à Quimperlé.

D. Hervé était donc un agent de M. Drouillard? — R. Oui.

Un juré : Le témoin était-il seul quand on lui a fait ces propositions? — R. Certainement; on n'a pas pris de témoin pour me faire de telles offres. Ce sont des choses que l'on fait seul.

M. Prou : Le Talec a-t-il écrit lui-même son vote? — R. Oui.

34e *témoin*. — M. Alexandre Guillou, vérificateur des poids et mesures, rapporte que Le Talec lui a dit qu'on lui avait offert 1,200 fr., puis 2,000 fr. Il ajoute que Taëron lui a dit aussi que Singuen, greffier, et M. Leguern, maire, lui ont offert 1,000 fr., et qu'il avait répondu : C'est une jolie somme, mais je ne veux pas la gagner par un semblable moyen.

D. Ne savez-vous rien relativement à l'affaire Leflecher? — R. Pardon, le 27 juillet, j'ai rencontré Leflecher qui revenait d'une fête de village, il me dit : Ah! M. Guillou, je suis désespéré, je suis dégoûté de la vie, j'en suis tellement dégoûté que j'ai voulu me pendre; que le 27 juillet Jossin et Carré l'avaient conduit dans une auberge, et après l'avoir enivré avec du vin de Tavel, ils lui avaient proposé de signer une pièce; qu'il leur avait dit, je ne la signerai que si M. le recteur me le conseille; qu'on l'avait conduit chez le curé de Pontaven où il avait signé. Le lendemain il rencontra le curé qui lui dit : Tu ne sais pas ce que tu as fait, tu as signé une pièce qui peut annuler l'élection de M. Guilhem.

Le témoin parle des inquiétudes de Leflecher.

M. le président : Leflecher, vous avez demandé à Jossin et à Carré à emprunter 1,200 fr.

Leflecher père : Non, ce sont eux qui me l'ont offert.

D. De qui venait cette proposition? — R. Je crois qu'elle venait du recteur; j'avais besoin de cet argent pour marier mon fils; Jossin et Carré m'ont demandé quand je voudrais payer, j'indiquai vers la fin de septembre. Je les ai trouvés au bourg de Querrien, ils m'ont fait signer un billet de 1,200 fr. Il a été convenu que le billet resterait entre les mains du curé, et que si je votais pour M. Drouillard, on déchirerait le billet. Je craignais qu'on ne me rendit pas mon billet; j'ai eu défiance et j'ai voulu payer d'avance avant les élections. On m'a rendu le billet, mais on ne m'a pas rendu un autre billet de 170 fr. que j'avais fait.

M. le président : Vous affirmez bien qu'on vous a offert de déchirer le billet, si vous votiez pour M. Drouillard? — R. Oui.

D. Carré, qu'avez-vous à dire? — R. M. Leflecher vint près de moi pour emprunter 1,200 fr. dont il avait besoin pour un procès. Jossin et moi sommes allés chez M. le recteur; c'est là que l'argent a été compté. Leflecher nous a fait un billet, nous avons retenu l'intérêt.

Leflecher : Ce n'est pas chez le recteur que l'argent a été compté; j'ai reçu d'abord 300 fr. et puis je suis allé avec mon fils chercher les autres 900 fr.

M. le président : A-t-on dit à Leflecher fils que l'on avait dit à son père qu'on déchirerait son billet s'il votait pour M. Drouillard. — R. Non, on ne me l'a pas dit.

D. Lui a t on dit que cet argent était prêté sans intérêts? — R. Oui, parce qu'il était prêté pour si peu de temps.

Un juré : M. Peyron fait des signes à Leflecher.

L'avocat-général : Sortez.

M. Berryer souriant : Retirez-vous M. Peyron.

M. Freslon : M. Peyron a un tic dans la figure.

M. le président : Restez, M. Peyron.

M. Berryer : Si tout devient suspect, nous aimons mieux que M. Peyron sorte.

M. L'avocat-général : Leflecher fils est-il électeur ?

Leflecher fils : (Toujours par l'intermédiaire de l'interprète.) Je l'ai été, je ne le suis plus.

Le prévenu ajoute qu'il a emprunté personnellement 900 francs, c'est M. Jossin qui lui a remis l'argent contre son billet. Je ne crois pas, dit-il, que Mme Jossin m'ait fait des conditions. Du reste, je ne comprends pas bien le français et je ne le parle pas.

D. Le billet devait-il être déposé entre les mains du recteur ? — R. Oui, Mme Jossin l'a dit.

M. Faugeyroux : Quel est le motif pour lequel Leflecher fils a remboursé son billet avant son échéance.

Leflecher fils : J'avais entendu dire que M. Drouillard avait insulté mon père, j'avais hâte de ramasser de l'argent pour le rembourser.

D. Leflécher fils était-il électeur aux dernières élections ? — R. Oui.

D. L'a-t-on engagé à voter pour M. Drouillard ? — R. Personne.

Un juré : A-t-il écrit lui-même son bulletin ? — R. Non, je ne savais pas écrire.

D. Qui avait écrit ce billet? — R. François Chancellay.

D. Quel nom y avait-il ? — R. Celui de M. Guilhem.

M. Faugeyroux : Leflecher fils connaissait-il la somme qui a été prêtée à son père ?

Leflecher : On m'avait bien parlé de M. Drouillard, mais j'avais dit que je donnerais ma voix à celui à qui je voudrais la donner.

D. Et plus tard ? — R. On ne m'a pas fait faire de conditions.

M. le président : Jossin et Carré ont-ils voulu lui faire signer un écrit ?

Leflecher fils : Oui, mais je n'ai pas voulu le signer.

L'audience est suspendue, elle est reprise à trois heures.

Le gendarme Meunier : Moi et mon camarade nous demandons à nous retirer ; nous ne sommes que quatre hommes à notre brigade.

M. le président lit les dépositions de Leflecher fils, qui

avait d'abord été interrogé comme témoin ; ses dépositions sont contradictoires avec ce qu'il a dit tout à l'heure.

Le témoin explique comme quoi il s'est trompé tout à l'heure, et que maintement il persiste dans ce qu'il a dit chez M. le juge d'instruction.

M. Freslon : Pendant l'interruption de la séance, le commissaire de police n'a-t-il pas parlé à Leflecher.

Leflecher : Il m'a dit que je reste là. Je suis sorti, un gendarme m'a accompagné, alors j'ai bien vu que j'avais mal dit tout à l'heure.

M. Freslon : C'est le gendarme qui l'a intimidé et M. le commissaire de police.

M. L'avocat-général : M. le commissaire de police est un magistrat qui ne doit pas être suspecté.

M. Berryer : Nous sommes ici pour tout vérifier.

M. le président : M. le commissaire de police ne vous a rien dit autre chose ? — R. Non.

Leflecher fils : Le commissaire m'a dit un mot, je ne sais pas trop ce qu'il m'a dit.

M. l'avocat-général : Le commissaire de police est un officier de police auxiliaire et il y a, je crois, des convenances à garder envers lui.

M. Berryer : Je crois qu'il y a des vérifications à faire.

Leflecher, interpellé de nouveau, dit qu'il ne sait plus ce qu'il a dit à Quimperlé.

Un juré : Est-il possible d'avoir des renseignements sur l'intelligence de Leflecher.

M. Daniel, interpellé à ce sujet, répond qu'il n'a jamais eu à se plaindre de Leflecher fils.

M. le président : Nous vous demandons quelle est son intelligence. — R. Il n'est pas trop niais. (On rit.)

M. Berryer : Le prévenu a dit qu'il ne se rappelait pas ce qu'il avait dit à Rennes et à Quimperlé. Ce n'est pas là ce qu'on lui demande et ce qu'il doit dire. Demandez-lui ce qui s'est passé chez Mme Jossin.

L'interprète traduit cette question au prévenu et dit : Leflecher dit qu'il ne se rappelle plus ce qu'il vient de dire. (Explosion de rires.)

On fait reposer la question à Leflecher et celui-ci répond : Je crois que Mme Jossin m'a dit qu'on déchirerait le billet, si je votais pour M. Drouillard. J'ai pris l'argent comme prêt, mais j'étais résolu à voter pour M. Guilhem.

M. Segris : Dans quelles circonstances a-t-on remis les 1,200 fr. à Leflecher père ?

Leflecher père : On m'a donné les 1,200 fr. en me promettant de déchirer le billet si je votais pour M. Drouillard. Mais j'ai voulu voter pour M. Guilhem.

M. Segris : Que répond Carré ?

Carré : Lors du prêt, il n'a été question, ni de M. Drouillard, ni des élections.

M. Segris : Les deux systèmes se dessinent : Suivant Jossin et Carré, c'était un prêt ; suivant Leflecher, c'était autre chose. Y avait-il des intérêts convenus ?

Carré : J'ai retenu les intérêts en donnant la somme.

M. Segris : Leflecher, a-t-on retenu des intérêts ? — R. Je ne me le rappelle pas.

Une discussion s'engage, à propos des intérêts, entre M. Segris d'une part, M. l'avocat-général et M. Peyron d'autre part. Ce débat devient tellement confus, que la cour juge à propos de nommer un expert pour décider la question. M. Vinay, président du tribunal de commerce et qui se trouve dans l'auditoire, est prié de venir au pied de la cour. Il prête serment comme expert. Les explications sont répétées et M. Vinay, appelé à donner son avis, donne raison au système de M. Peyron.

35e *témoin*. — Taéron, cultivateur, électeur, est introduit et dépose que Singuen lui a fait offre d'argent s'il voulait voter en faveur de M. Drouillard.

Singuen, interpellé, nie le fait avec force. Taéron persiste.

M. l'avocat-général : Taéron, Singuen vous a t-il parlé ce matin ? — R. Oui.

D. Que vous a-t-il dit? — R. Il m'a défendu de dire ce que je savais.

SINGUEN : Je demande dans quel endroit je lui ai parlé. Je suis allé à la messe ce matin, en me levant, avec d'autres électeurs. Je n'ai pas vu Taéron.

TAÉRON : Il ne m'a pas parlé, il m'a fait parler par un autre. (Rires et bruit.)

M. LE PRÉSIDENT : Si ce bruit se reproduit, je fais à l'instant évacuer la salle. Taéron, approchez.

D. Pourquoi avez-vous dit que Singuen vous avait empêché de parler? — R. Ce n'est pas lui. (Rumeurs.) C'est Leguern qui m'a dit de parler d'une autre manière.

M. BERRYER : Leguern est ici, faites-le venir. Avant qu'il n'entre, je désirerais savoir comment M. le procureur du roi de Quimperlé, qui a dénoncé le fait ce matin, en a été informé.

M. LE PROCUREUR DU ROI : C'est M. Chanceley qui me l'a dit.

36e *témoin.* — LEGUERN : Je dois à M. Drouillard quatre mille francs. Je ne sais rien de cette affaire. On a dit hier que j'avais fait des propositions à Taéron, mais il n'en est rien.

D. Avez-vous parlé à Taéron de sa déposition ce matin? — R. Non.

M. LE PRÉSIDENT : Taéron, que vous a dit Leguern? — R. Il m'a engagé à ne pas dire la vérité.

LEGUERN : C'est faux!

D. Leguern et Singuen ne sont-ils pas parents? — R. Oui.

D. Leguern, n'est-ce pas pour ne pas compromettre votre parent que vous avez fait cette démarche? — Je n'ai jamais dit cela.

M. L'AVOCAT-GÉNÉRAL : N'avez-vous pas dit autre chose? — R. Non.

Les témoins se retirent.

37e *témoin.* —M. Raymond-Gabriel KERSULEC, notaire et maire.

Vous rapporter ici ma déposition serait peut-être chose difficile pour moi. Je vais faire mon possible pour ne pas sortir de la vérité. Je suis très ému, n'ayant pas l'habitude de parler devant un public aussi nombreux.

M. LE PRÉSIDENT : Abrégez le plus possible. — R. Avant les élections j'ai été témoin...

M. LE PRÉSIDENT : Dites les faits les plus graves.

LE TÉMOIN : Taéron m'a dit que MM. Leguern et Singuen lui avaient offert 1,000 fr. s'il voulait voter pour M. Drouillard.

Le Talec maire m'a dit qu'un nommé Hervé s'était rendu chez lui et lui avait offert une somme de 1,000 fr., je crois. Il y a mieux, une seconde fois il s'était rendu chez lui et il lui avait renouvelé son offre. M. Le Talec refusa, je l'en félicitai.

Taéron, électeur, m'a dit pas une fois mais plusieurs que des offres lui avaient été faites par M. Singuen ; il m'a dit, après les élections, que M. Leguern s'était rendu chez lui nuitamment et que là les yeux remplis de larmes il l'avait prié en grace de signer un billet, j'ignore ce qu'il contenait. Taéron l'a signé.

D. Avez-vous eu connaissance que des propositions aient été faites à Taéron pour ne pas dire la vérité.

LE TÉMOIN : Le fait est qu'hier Taéron m'a dit que Leguern avait fait des démarches.

D. A qui avez-vous parlé de ce fait-là ? — R. Il y avait M. Bosquet qui était présent.

M. LE PRÉSIDENT : Taéron, avez-vous fait cette confidence hier ? — R. Oui.

M. L'AVOCAT-GÉNÉRAL : Eclaircissons ce fait, Taéron ; on voudrait savoir si Leguern vous a fait des propositions non seulement hier mais aujourd'hui.

TAÉRON : Leguern m'a parlé ce matin.

D. Et hier ? — R. Oui, puisque nous sommes dans la même maison.

LEGUERN : Nous nous parlons, mais non pas des débats.

M. BERRYER : On disait que Taéron avait reçu des propositions de Seingun ; maintenant c'est de Leguern ; enfin c'est M. Kersulec qui vient dire que dès hier on avait fait des démarches. Il faudrait enfin préciser.

M. LE PRÉSIDENT : Taéron vous a-t-on parlé hier ? — R. Oui.

M. BERRYER : Il dit toujours qu'on lui a parlé, mais non pas qu'on lui ait parlé de l'affaire.

M. LE PRÉSIDENT : L'incident est vidé.

M. BERRYER : Il y a eu un fait cependant à constater. Deux fois à cette audience Taéron a déclaré que Leguern ne lui a pas fait de propositions, et voici deux fois que M. Kersulec déclare que Taéron lui a fait confidence de ce fait. il faudrait expliquer cette contradiction.

M. KERSULEC : Taéron m'a déclaré que MM. Leguern et Singuen lui ont fait des propositions d'argent pour voter pour M. Drouillard.

M. BERRYER : Ce n'est pas cela qu'on vous demande.

M. LE PRÉSIDENT : C'est incroyable, le banc de la défense interrompt les témoins.

M. PROU : Nous demandions...

M. LE PRÉSIDENT : M. Berryer s'est assez bien expliqué et s'expliquera bien sans vous.

LE TÉMOIN : M. le président...

M. L'AVOCAT-GÉNÉRAL : Témoin, je...

M. LE PRÉSIDENT : M. L'avocat-général, laissez parler le témoin.

M. L'AVOCAT-GÉNÉRAL : J'use de mon droit en l'interrogeant.

M. LE PRÉSIDENT : Vous ne pouvez prendre la parole sans me la demander.

M. L'AVOCAT-GÉNÉRAL : Eh bien ! je vous la demande. (Sensation.)

M. le président se dispose à lever la séance.

M. FRESLON demande, vu la lenteur des débats, qu'il y ait des audiences de nuit.

M. L'AVOCAT-GÉNÉRAL fait observer qu'il est seul, qu'il a de nombreuses notes à recueillir et à mettre en ordre, et qu'il lui serait impossible d'acquiescer à la demande de la défense.

L'audience est levée à cinq heures et renvoyée à demain dix heures précises du matin.

QUATRIÈME AUDIENCE. — *Samedi* 13 *Février*.

Malgré l'engagement qu'on avait pris à la fin de la dernière séance d'ouvrir l'audience à dix heures précises, il est dix heures vingt-cinq minutes quand la cour entre en séance. L'auditoire est moins nombreux encore que celui des autres jours.

M. KERSULEC demande à compléter sa déposition. La femme Lenaour, dit-il, ayant reçu des reproches de ce que son mari avait voté pour M. Drouillard, a répondu : mon mari avait toujours voté pour M. Guilhem avec M. Kersulec ; cette fois il a voté pour M. Drouillard ; il a fait comme les autres, il a reçu de l'argent. Ces paroles m'ont été raportées par Legac.

M. BERRYER fait observer que, d'après la déposition écrite du témoin Kersulec, Lenaour avait déclaré n'avoir pas reçu d'argent.

M. KERSULEC : Lenaour a dit dans un cabaret qu'il n'avait pas reçu d'argent, mais bien quelques mouchoirs.

M. L'AV.-GÉN. : Qu'est-ce que cela veut dire ?

KERSALEC : Un cadeau, des épingles !

38e *témoin*. — Mme GUILLOU, femme d'un précédent témoin : Taéron a dit devant moi que Singuen et Leguern lui avaient offert 1,000 fr. pour son vote.

M. Allard : Je demande à rectifier ma déposition; j'ai vu dans les journaux que je n'avais pas établi d'une manière précise ce qui est relatif à la remise qui nous a été faite d'une patente de 300 fr.

M. Peyron et moi avons monté un service de voitures entre Morlaix et Quimperlé sur une route déserte, qui n'était pas encore entièrement ouverte et dont certains passages étaient trop étroits. Dans l'intérêt du matériel et des voyageurs, je conduisis la voiture pendant trente jours. Nous fîmes des réclamations à M. le préfet du Morbihan et du Finistère. Cette route était très importante, elle relie Lorient à Morlaix. Le préfet nous accorda des facilités pour la route. La régie nous imposa la patente attribuable à toutes les voitures qui marchent avec relai. Quand on nous eut imposé cette patente de 300 fr., comme nous avions fait des pertes énormes, plus de 30,000 fr., nous dîmes à M. le préfet que si cette patente pesait plus longtemps sur nous, nous ne pourrions plus continuer le service. M. le préfet reconnaissait la nécessité de continuer cette ligne, nous attendions le service des dépêches. Nous ne pouvions plus marcher... J'étais à bout de mes finances. Nous demandâmes au moins le dégrèvement de la patente. Un dégrèvement d'un an nous fut accordé. Plus tard, on nous accorda le service des dépêches à titre de récompense nationale. (Sourires.)

M. Berryer : Le témoin avait accusé M. Peyron d'ingratitude envers M. Guilhem ; aujourd'hui ce n'est plus d'un acte de faveur qu'il s'agit, c'est d'un acte de justice.

M. Allard : J'ai dit la vérité, je ne crains rien.

29e *témoin*, Gilbert, boulanger à Banalec : J'ai entré un jour chez Josselin. Il m'a dit : si tu veux voter pour M. Drouillard, je te donnerai 1;000 à 12,00 fr. ; mais je ne sais pas si c'était en nature ou en intérêts . J'ai dit à Jossin : Ecoute, mon ami, je vais consulter mon épouse. Elle me répondit : si tu vendais ta voix tu serais un indigne.

D. Est-ce que d'autres personnes ne vous ont pas fait des prêts d'argent? — R. Non.

40e *témoin* — M. Squirion, notaire à Meglven : Un de mes confrères m'a rapporté qu'en revenant des élections, Dagorn est entré chez Loyer et a dit : J'ai reçu trois sacs ; j'ai honte d'être électeur. Loyer répondit : Il n'y a pas de honte à être électeur, il n'y a de honte qu'à vendre son vote. J'ai su aussi que Jossin a offert 1,500 fr. à Gilbert pour son vote, disant : Tu as marié ta fille... tu lui as donné une dot de 1,500 fr. — Oui, mais je n'ai pas besoin d'argent.

Gilbert : Ça n'est pas vrai.

Jossin : Je ne vous ai rien offert.

Gilbert : Si! vous m'avez offert à 1,000 1,200 fr. ; mais je ne sais pas si c'est un prêt à intérêt ou une *donaison*.

M l'Av'-gén. : Etait-ce pour avoir votre vote qu'on faisait cette offre? — R. Oui pour mon vote.

M. Paillard de Villeneuve : M. Squirion se rappelle-t-il avoir entendu un commis voyageur rapporter des propos tenus à une table d'hôte.

Squirion : Oui; il prétendait qu'on avait offert à un paysan 3 ou 4,000 fr., et que celui-ci aurait dit : Je ne voterai pour M. Drouillard que si on me donne 7,000 fr.

41e *témoin*. — Joseph Helo, marchand à Pontaven, a entendu dire qu'on avait offert de l'argent à Legac, à Taéron et à Gilbert.

D. Ne savez-vous pas autre chose ? — R. Je suis allé dîner chez Fravat.

D. Que lui avez-vous dit ? Ne lui avez-vous pas tenu ce propos : Tu seras des nôtres, tu voteras pour M. Guilhem. — R. Je ne lui ai pas dit cela. Je lui ai dit : Vous serez des nôtres.

D. Qu'a-t-il répondu ? — R. J'ai des enfants.

D. Qu'est-ce que cela voulait dire ? — R. Sans doute que des propositions lui avaient été faites.

D. Pour qui a-t-il voté ? — R. Pour M. Guilhem.

D. Dans l'entretien vous avez dit : Comment se fait-il qu'un homme comme toi, qui n'a besoin de rien, vote pour M. Drouillard ? — Helo : Je n'ai pas dit ça.

M. LE PRÉS. : Vous avez signé cette déposition ? Vous êtes greffier de la justice de paix ? — R. Je l'ai été.

D. Vous savez ce que c'est qu'une déposition ? — R. Non. (On rit.)

M. L'AV.-GÉN. lit la déposition de ce témoin ; elle est conforme à ce qu'a dit M. le président.

D. Est-ce cela ce que vous avez dit ? — R. Oui.

D. Comment se fait-il que vous l'ayez rétractée ? — R. Je vous ai dit tout à l'heure la même chose. (Hilarité générale.)

M. L'AVOCAT-GÉNÉRAL : Le témoin persiste dans sa déposition.

M. PROU : Après l'avoir rétractée.

42e *témoin*. — Sébastien LEDU, cultivateur à Redené. — Jossin est venu me trouver une première fois seul ; il m'a proposé 1,200 fr.

D. A quelle époque ? — R. Il y a longtemps.

D. Est-il revenu une seconde fois ? — R. Oui, avec Carré ; ils avaient chacun 600 fr. Ils commençaient à les compter ; je leur ai dit que je n'avais pas besoin de cela.

D. Pourquoi vous offrirent-ils cet argent ? — R. Pour *mon voix*.

D. Avez-vous refusé ? — R. Oui ! ils ont laissé l'argent ; ils disaient que ça les gênait de l'emporter ; ils m'ont dit de le garder jusqu'à vendredi prochain, parce qu'ils avaient un voyage à faire. Jossin m'a même demandé si j'avais du grain à vendre, que, si j'en avais, il me l'achèterait au prix du marché. Ils ont caché l'argent dans une barrique de cendre. Je l'ai rapporté le vendredi suivant à Quimperlé en disant à Jossin et à Carré : mes enfants, voilà l'argent que je rapporte.

M. BERRYER : Lui ont-ils parlé des élections ?

LEDU : Toujours, toujours.

JOSSIN interpellé par le président, répond : Ledu est venu nous proposer à Carré et à moi d'acheter du bois. Nous sommes allés le voir ; nous n'avons pas fait marché. Nous lui avons acheté plusieurs sacs de blé. Quand il a apporté le dernier sac à Quimperlé, comme le blé avait augmenté de un franc; il voulait qu'on lui tînt compte de la différence; je lui répondis qu'un honnête homme n'avait que sa parole et qu'il était une canaille. Il me répondit : Je me moque de toi.

Ledu : C'est faux.

Un juré : Quelle est la moralité de Ledu?

M. le prés. à Ledu : Quel est le maire de votre commune?

Ledu : C'est moi. (On rit.)

D. Depuis quand? — R. Il n'y a pas longtemps.

D. Depuis combien de temps êtes-vous conseiller municipal? — R. Depuis huit ans.

M. le procureur du roi de Quimperlé, appelé à donner des renseignements, dit que la probité du témoin est proverbiale.

43e *témoin*. — M. Portier, maire à Clohars-Carnoët :

C'était le 30 juillet, Cléro et Goulveu vinrent me trouver. L'un d'eux me demanda : As-tu du blé à nous vendre? Je leur dis que j'en avais et leur offris un verre de cidre. Cléro me dit ensuite : Tu sais bien que ma mère te doit 390 fr. Est-ce que tu veux les perdre? — Non, puisqu'ils me sont dus. — Mais si tu veux, répondit Cléro, tu pourras avoir 1,500 fr. de plus. — Comment? — En votant pour M. Drouillard. — Ah! malheureux, lui dis-je, tu oses me proposer cela, à moi qui suis le maire de ta commune! Je donnerais le mauvais exemple, moi qui ai promis d'en faire de bons et respectables. Tu ne connais donc pas l'ordonnance du procureur du roi. — Là dessus Cléro me dit : Pour l'avantage de tes enfants. — Pour mes enfants, ils ont des bras, regarde les travailler, ils n'ont besoin de rien. (Mouvement.)

Le capitaine le Thoër entra dans ce moment chez moi, il m'amenait deux barques de chaux de Nantes.

Compère, que pensez-vous de ces deux hommes? — Jai envie de les f.... entre les mains du procureur du roi et les f.... en prison, parce que ce sont de maudits brigands.

Un homme avec qui j'avais à faire survint. Je sortis un moment. Je rentre tout animé et je dis : Compère, ces deux hommes me déplaisent: j'ai envie de les f.... entre les mains du procureur du roi.

M. LE PRÉSIDENT : Continuez :

PORTIER : Le 7 août, qui était un vendredi, je descendais le quai, Jossin me dit, bonjour, Portier, bonjour, voisin. J'étais accompagné du passager de Saint-Sauvin. Jossin desdendit du port dans la barque du passage. Jossin me dit : Tu deviendras bientôt mon voisin, tu seras appelé à Quimperlé. Je répondis : L'affaire de M. Drouillard ne me regarde pas. Je me fiche de M. Drouillard et de toute sa clique (rires). Jossin me crie : Prends garde à toi ; c'est pour ton intérêt, gare à toi. Je lui répondis : Gare à toi-même.

JOSSIN : Je suis descendu porter du pain dans le bateau du passage de Saint-Sauvin. J'ai dit bonjour à Portier. mais je n'ai pas dit autre chose, il ment en prétendant le contraire.

UN JURÉ : Que voulait dire Jossin, quand il disait au témoin, je serai ton voisin. Je ne comprends pas.

PORTIER : Que je serais venu pour deux ou trois jours à Quimperlé, faire voisinage enfin.

LE JURÉ : Ah bien! je comprends.

44e *témoin*. — CLÉRO, marchand boucher à Quimperlé, est introduit.

M. LE PRÉSIDENT : Que savez-vous? — R. J'étais à la campagne pour acheter des bœufs. Soubren, marinier à Clohars, m'a dit que Portier en avait quatre. Je vais chez Portier, j'y prends un verre de cidre. Nous vînmes à parler d'élections. Comme j'avais entendu dire, ce qui était à la connaissance de tout le monde, que Portier voulait pour son fils un bureau de tabac, je plaisantai. M. Thoër et un autre arrivèrent. Portier était ému, il était ivre. Il se servit d'un mot désagréable pour moi. Il dit : j'ai bien envie de mettre ces deux hommes en prison.

PORTIER : Il me l'a dit, sur mon honneur et ma conscience, il me l'a dit. Voilà encore un témoin, le capitaine Thoër.

Cléro : Le capitaine n'en dira pas plus que moi.

Un Juré : Portier avait-il bu?

Portier : Je n'étais pas à jeûn, pour sûr (on rit), j'étais comme je suis maintenant (nouveaux rires), nous finissions de battre, j'avais régalé mes gens.

M. l'avocat général : Cléro, vous avez emprunté de l'argent à M. Drouillard?

Cléro : Oui, 200 fr. à 4 pour 0/0.

M. Berryer : Cela figure dans le compte, à la date du 20 mars.

45e *témoin*. Goulven, marinier à Poldec, près Quimperlé : Je suis allé avec Cléro chez Portier, qui donnait du foin à son cheval. Portier nous a dit : Je vous offrirai mieux que cela... un bon coup de cidre. Cléro se mit à parler des élections. Portier répondit : Ne me parles pas des élections ou je te ferai mettre en prison. Le capitaine Thoër est venu. Portier nous a dit : Mes amis, ne partez pas sitôt; je vais vous faire voir mon blé.

M. le président : Vous n'avez pas offert 1,500 fr. à Portier? — R. Non.

M. Berryer : Portier n'est pas sur les comptes.

46e *témoin*. — Thoer : patron de cabotage à Clohars : Quand je suis arrivé de Nantes, j'ai porté deux barriques de chaux à M. le maire de Clohars. Il était dans sa cave avec MM. Cléro et Goulven. Il me dit : Compère, je ne sais pas ce qui me retient; j'ai presque envie de dénoncer ces deux personnes au procureur du roi et de les faire f.... en prison. Le maire sortit et revint après un moment et répéta : j'ai envie de les faire f.... en prison; et il cria : Vive Guilhem!

M. Berryer : Le langage du maire était-il sérieux?

Thoer : Dans ce moment... oui; il croisait ses bras.

M. Berryer : Dans sa déposition écrite le capitaine Thoër a dit : J'ai cru qu'il plaisantait.... Les deux autres riaient.

M. Berryer : Portier a-t-il dit à Thoër que Clero et Goulven eussent offert de l'argent ? — R. Non.

D. Ne vous a-t-on pas fait signer une rétractation ? — R. Un jour, à Quimperlé, j'ai rencontré Goulven..... Il m'a conduit au café ; il tira une lettre de sa poche et m'en fit faire la lecture par le cafetier, qui me dit que cela m'intéressait beaucoup et pouvait m'empêcher d'aller en prison. Je l'ai signée chez le notaire ; on m'a dit que c'était l'écriture de M. Peyron.

D. Peyron, qu'avez-vous à dire ? — R. Quand je suis revenu de Paris, j'ai lu la protestation ; j'avais lu que Goulven et Clero avaient offert de l'argent en présence de Thoër. Ils m'affirmaient que ce n'était pas vrai ; je leur ai dit qu'il était important d'avoir une rétractation.

47e *témoin*. — M. Audreu, notaire, adjoint au maire à Quimperlé : Voilà trois semaines que je suis assigné. Je me demande pourquoi.

D. N'avez-vous pas entendu parler d'un billet qu'on a fait signer à Thoër ? — R. J'ai légalisé la signature de Thoër.

48e *témoin*. — Renioux Portier, secrétaire de la mairie à Clohars : Je ne connais rien de positif sur les élections de Quimperlé. J'affirme que le 30 juillet, Clero et Goulven sont venus trouver mon père. Mon père s'est trouvé blessé dans son amour-propre de ce qu'on lui avait offert 1,500 fr. ; il a dit qu'il voulait faire poursuivre Clero et Goulven.

J'ai entendu dire que le prévenu Audren avait avoué qu'il avait reçu 100 fr. ou 100 écus, ce qui fait 900 fr. et Mathias 400 fr. ou 400 écus.

M. Berryer : Est-ce devant le capitaine Thoër, que le père du témoin aurait tenu le langage dont il parle.

Portier : Je ne crois pas.

M. Berryer : Dans l'instruction écrite je lis : Offre qu'il refusa en présence du capitaine Thoër.

M. le prés. : Audren, qu'avez-vous à dire?

AUDREN : J'ai emprunté 900 fr. sur mon billet que j'ai remboursé.

D. Vous avait-on dit que vous n'aviez pas besoin de payer le billet si vous votiez pour M. Drouillard ? — R. Je n'ai besoin ni de M. Drouillard, ni de personne. Je n'ai pas de créancier, je ne dois pas un centime.

M. LE PRÉS.: Vous entendez la femme Guyomard.

AUDREN : Cette femme est en colère contre moi.

M. BERRYER : L'argent a été remboursé le 29 septembre 1846, avec l'intérêt compris, 936 fr.

M. LE PRÉS. : Et vous, Mathias, qu'avez-vous à répondre ?

MATHIAS : Je n'ai rien à répondre à Portier, mais à Audren.

PORTIER : Oui, c'est Audren qui aurait dit çà à la femme Guyomard.

AUDREN : Je n'ai pas dit çà ; la femme Guyomard m'en veut à cause d'une rente indivise entre nous.

UN JURÉ : Nous désirerions avoir des renseignements sur la moralité de Clero.

M. LIMON : Je puis affirmer que Clero a une détestable réputation.

M. BERRYER : Vous avez dit bien autre chose, nous verrons.

D. Et vous, M. Baugendre ? — R. C'est un homme d'une conduite assez légère ; il a été entraîné dans des dépenses au-dessus de sa fortune ; il jouit dans le pays d'une réputation de libertin, qui dépense trop ; il ne passe pas, cependant, pour un mauvais sujet, pour un méchant.

D. Et Goulven ? — Il a une bonne réputation.

M. LE PRÉS. : M. Rousseau père, qu'avez-vous à dire ? — R. Je me joins avec plaisir au témoignage de Baugendre.

49e *témoin*. – On introduit DELORME, au milieu d'un mouvement très vif de curiosité; c'est un jeune homme de vingt-sept ans, auquel on donnerait tout au plus dix-huit ans ; il a de longs cheveux blonds qui encadrent sa figure ; il est habillé en noir, comme Mathias ; seulement, il a de plus une ceinture rouge.

Michel Mathias vint chez moi un jour de la semaine ; je n'y étais pas. Il proposa à ma femme si je voulais voter pour M. Drouillard, la somme de 5 à 6 mille francs avec une belle pendule. Il a demandé à ma femme si j'étais à Quimperlé le vendredi ; ma femme lui répondit que non. Mais sera-t-il à Clohars, dimanche à la messe ? -- R. Oui.—Mathias me dit alors : Nous irons toucher au bourg la somme de 5 à 6 mille fr. et une belle pendule, et nous ferons un bon déjeuner. (On rit.) Je répondis que je n'avais pas besoin d'argent, que je ne voulais pas me vendre et que je voterais pour qui ça me ferait plaisir.

M. LE PRÉS. : Mathias, qu'avez-vous à dire ? — R. Ça n'est pas vrai, il dit ce qu'il veut.

DELORME : Vous n'avez pas offert de l'argent à ma femme ?

MATHIAS : Pas plus à votre femme qu'à vous.

M. LE PRÉS. : D'autres personnes n'ont-elles pas fait des propositions à votre femme ?

DELORME : Pardon, Mlle Lecoupanec a proposé à ma femme une douzaine de cuillers, avec une cuiller *potagère* et le voyage de Paris. M. Bréart est venu un jour avec M. Ledoussal et Evanno ; ils ont proposé à ma femme et à moi le voyage de Paris, que ça ne nous coûterait rien, c'est lui qui aurait payé toute la dépense.

UN JURÉ : Mme Delorme était-elle présente ? — Delorme : Oui.

M. BERRYER : A quelle époque Ledoussal et Evanno sont-ils venus ? — R. La première fois on est venu dans le mois d'avril ; la seconde fois, je ne me rappelle pas bien.

UN JURÉ : Etait-ce avant les élections ? — R. Oui.

M. L'AV.-GÉN. : Depuis les élections, ne s'est-on pas présenté chez vous ? ne vous a-t-on pas demandé un certificat ? De quelle manière l'a-t-on fait ?

DELORME : MM. Ledoussal et Evanno m'ont demandé ma

signature. Dans la pétition envoyée à Paris, on disait qu'on m'avait proposé de l'argent. J'ai signé que cela n'était pas vrai.

M. Paillard de Villeneuve : Il avait signé la protestation.

Delorme : La pétition avait mal compris.

M. le prés. : Avez-vous signé la pétition ? — R. Oui.

D. L'aviez-vous lue ?

M. Freslon : Voulez-vous permettre... Qui vous l'a fait signer ?

Le témoin hésite longtemps. M. Freslon insiste.

Delorme : C'est... c'est... M. Paillandre.

M. Freslon : Sans vous la lire ?

M. Paillandre : Je la lui ai lue devant M. Guillou à Quimperlé.

M. Guillou : Le fait est vrai, Delorme avait même rapporté les faits à Chancelay aîné avant la protestation.

M. Prou : Quels sont les rapports de Mathias et Delorme. N'y a-t-il pas entr'eux un sujet d'animosité ?

Delorme garde le silence.

Mathias : Vous ne vous rappelez pas que votre chien m'avait étranglé un mouton que j'avais vendu et qui n'était pas livré. Ne vous rappelez-vous pas qu'à la mort de la veuve Collen, vous êtes venu chez cette femme, que j'étais subrogé-tuteur, que j'avais fait faire un inventaire et que vous m'avez menacé du tribunal. Vous m'avez dit : Vous ne serez plus ni subrogé-tuteur, ni tuteur. Je vous ai répondu : Je ne voulais pas être tuteur, et bien que je le serai malgré vous ; il est vrai que vous étiez un peu gris (rire), mais je ne parle pas de cela.

M. l'av.-gén. : Quand Mathias vous a offert de l'argent, ne vous a-t-il pas dit que vous aviez tort de faire comme cela ; que vous pourriez avoir comme lui un cabriolet et un cheval.

Delorme : Il m'a dit que je serais une bête, si je n'acceptais pas.

50e *témoin*. — Mlle Lecoupanec, cousine de Mme Delorme, assez jolie personne, et dont le visage agréable ne porte pas les 29 ans qu'elle accuse, elle dépose ainsi :

Un jour, dit-elle, sont venus MM. Bréart, Ledoussal, Evanno. Ils parlaient sur Mme Delorme. M. Bréart disait : Je ferais volontiers le voyage de Paris avec Mme Delorme. (Sourire.)

D. Vous a-t-on parlé qu'on eût offert quelque chose à Mme Delorme ? — R. Non, monsieur. — D. A-t-on parlé d'élections ? — R. Non, monsieur.

D. Ne savez-vous pas autre chose ? — R. Mme Delorme m'a dit : on m'offre le voyage de Paris avec un autre présent. Je crois que M. Bréart avait parlé en badinant.

D. Avez-vous entendu que ce fût pour voter qu'on offrait ce voyage ? — R. Non.

Un juré : Nous désirons que Mlle Lecoupanec répète sa déposition.

Mlle Lecoupanec : M. Bréart est venu un jour chez moi et m'a dit : Mme Delorme est bien gentille, fort aimable... je ferai bien le voyage de Paris avec elle. (Rires.)

Le 24 juillet, j'étais à Quimperlé. Mme Delorme dînait avec M. Guilhem... C'est moi qui les servais. Mme Delorme a raconté alors qu'on lui avait offert le voyage de Paris. Je me suis mise à rire. Elle me dit : Tu ris de ça, mais je suis bien la maîtresse. (Hilarité.) Elle ajouta qu'on lui avait offert de l'argenterie.

31e *témoin*. — Mme Delorme : (Le témoin est une fort jolie personne, vêtue d'un costume très pittoresque, très élégant, et qu'elle porte avec une certaine coquetterie. La physionomie de Mme Delorme a plus d'un point de ressemblance avec celle de Mme Bourdais, la pensionnaire de M. Combettes). Un jour, M. Mathias est venu faire des offres à mon mari, qui n'était pas à la maison. Il m'a offert pour lui une somme de 4 à 5000 fr. s'il votait pour M. Drouillard. Le dimanche d'après, il a dit à mon mari qu'il le verrait à Clohars, et qu'ils iraient ensemble, après la messe, chercher l'argent avec une belle pendule. Plus tard, Mlle Lecoupanec est venue me faire des offres au nom de M. Bréart. La première fois, elle m'a parlé d'une demi-douzaine de couverts d'argent ; la seconde fois, d'une douzaine de cuillers en argent et d'une grande cuiller à potage (on rit): plus tard, M. Bréart nous a offert à moi et à mon mari le voyage de Paris. Je ne sais pas dans quel but... on n'en a point parlé.

M. LE PRÉS. : Mlle Lecoupanec, vous n'avez pas parlé de ces couverts ?

Mlle LECOUPANEC à Mme Delorme : Je n'ai pas dit ça ; c'est toi, au contraire, qui m'as confié qu'on t'offrait le voyage de Paris et un autre présent.

Mme DELORME : Je ne me rappelle pas vous avoir parlé du voyage de Paris... Vous ! vous m'avez bien parlé de ces couverts.

Mlle LECOUPANEC : Si ! tu me l'as dit.

Mme DELORME : Comment ! mademoiselle.

M. LE PRÉS. : Vous affirmez, madame Delorme, que Mathias vous a fait les offres d'argent pour votre mari ?

Mme DELORME : Oui, monsieur.

MATHIAS : Tout cela n'est pas exact. Je n'aurais pas parlé d'élections à une femme.

Mme DELORME : Pardonnez-moi, monsieur, il est resté une heure, une heure et demie, et nos ouvriers, en allant allumer leur pipe, ont pu le voir.

M. LE PRÉS. : Michel Mathias, vous disiez que vous étiez brouillé avec Delorme?

MATHIAS : Oui, mais pas avec sa femme. (Rires général.)

M. LE PRÉS., sévèrement : Je pense que Mathias n'a pas voulu faire une plaisanterie.

MATHIAS : Non, non je n'ai rien à dire contre Mme Delorme, ou du moins pour ce qui me regarde.

UN JURÉ : Madame, lorsqu'on vous a proposé le voyage de Paris vous a-t-on dit qui vous défraierait de toute dépense ?

Mme DELORME : M. Bréard m'a dit que ce serait à ses frais.

M. Berryer : Mlle Lecoupanec a dit qu'il n'en n'avait pas été question. Mme Delorme déclare la même chose.

Mme Delorme : Oui ; je ne sais dans quel but M. Bréart voulait me conduire à Paris, mais il me l'a offert.

M. le prés. : Allez vous asseoir, madame.

La séance reste suspendue au milieu d'une assez vive agitation.

L'audience est reprise à deux heures.

M. Berryer : On a fait des questions sur la moralité de certains témoins, la défense est dans la nécessité d'user de son droit et de solliciter des recherches semblables sur la moralité d'autres témoins. Voudrez-vous faire sortir de l'audience M. Kersulec et M. Rousseau père.

M. Rousseau sort, M. Kersulec est absent.

M. Berryer : Je prie M. Baugendre de s'expliquer sur la moralité de M. Rousseau.

M. Baugendre : Je ne connais contre la moralité du témoin aucun fait précis ; il a pris part à la révolution. Je sais seulement que, comme notaire, il se faisait payer très cher. (On rit.)

D. De quelle réputation jouit-il ? — R. Il ne jouit pas d'une mauvaise réputation.

Guillou : Il était adjoint du temps que mon beau-père était maire.

M. Berryer : Je prierai M. le président d'adresser lui-même des questions aux témoins qui vont déposer.

M. Allard : Je puis ajouter...

M. Berryer : Nous ne nous opposons pas à ce que M. Allard parle, mais nous n'avons nullement besoin de son témoignage. (On rit.)

M. Kersulec rentre ; M. le président lui demande quelle est la réputation de M. Rousseau.

M. Kersulec : Il a été longtemps notaire. Je ne connais

rien contre lui, cependant il a circulé des bruits sur son fils.

M. Berryer : C'est étranger au procès.

Un des jurés : Je demande à adresser une question à Mme Delorme ; lorsque M. Mathias a dit que si votre mari se rendait à Quimperlé il recevrait autant que lui, M. Delorme était-il présent ?

Mme Delorme : Non, monsieur, c'est la seconde fois que mon mari a vu Mathias.

On rappelle M. Rousseau.

52e *témoin.*—M. Ledoussal, notaire, suppléant du juge de paix à Quimperlé, prie M. le président de l'interroger.

M. l'av.-gén. : Que s'est-il passé dans la visite qui a été faite chez Mme Delorme avec M. Bréart et Evanno.

Ledoussal : Je causais avec M. Delorme, M. Bréart causait avec Mme Delorme dans l'embrasure d'une fenêtre. Tout ce que j'ai entendu de leur conversation, c'est que M. Bréart disait : Je vous conduirai à Paris... je vous promenerai dans tout Paris. Je n'en ai pas entendu davantage.

M. le prés. : M. Bréart vous a-t-il dit que le voyage ne vous coûterait rien ?

Mme Delorme : Oui.

Un juré : Mme Delorme a-t-elle manifesté la première le désir d'aller à Paris.

Mme Delorme : Non, monsieur, je ne pensais pas du tout au voyage à Paris.

M. l'av.-gén. : M. Bréart vous a-t-il dit que le voyage se ferait à ses frais ?

Mme Delorme : Oui.

M. Berryer : Cette question n'aurait d'importance qu'autant qu'on aurait parlé d'élections et de M. Drouillard.

M. le prés. : Avez-vous offert à Bosquet 300 fr. pour

empêcher M. Delorme de voter et 1,200 fr. pour le faire voter en faveur de M. Drouillard.

M. LEDOUSSAL : Non.

M. L'AV.-GÉN. : Madame Delorme, votre mari et vous étiez-vous très bien avec M. Ledoussal.

Mme DELORME : J'étais assez liée avec sa famille.

53e *témoin*. — EVANNO, avoué : Messieurs, la position où je me trouve est tout à fait anormale, M. l'avo cat-général m'assigne comme témoin, puis il regrette de ne pas me voir sur le banc des accusés.

M. L'AV.-GÉN. : Vous parlerez de cela plus tard.

M. EVANNO : Ça s'y rattache. Permettez, je n'accepte pas d'autre position que celle de témoin. Je déclare que comme témoin je n'ai rien à dire contre les prévenus, et sous le bénéfice de cette déclaration, j'attends les questions qui me seront posées.

M. LE PRÉS. : N'êtes-vous pas allé chez Mme Delorme avec M. Bréart et M. Ledoussal.

M. EVANNO : Oui ; je racontai que j'avais une de mes filles dans les environs de Paris. Mme Delorme me dit : Il est possible que cet éloignement vous cause de la peine ; vous n'allez plus voir Mlle votre fille ; je voudrais bien être à sa place ; elle va voir Paris, c'est une bien belle ville. Je répondis : vous connaissez ma fille et sa sœur, profitez de l'occasion, allez à Paris. M. Bréart ajouta : J'habite Paris depuis longtemps, si je pouvais vous être utile, je vous conduirai voir toutes les merveilles de la capitale.

M. LE PRÉS. : Madame Delorme, est-ce comme cela que ça s'est passé.

Mme DELORME : Non, monsieur, je ne pensais pas aller à Paris.

M. EVANNO : Vous en imposez, madame.

M. LE PRÉ., : Avez-vous connaissance que Mlle Lecoupanec ait offert des couverts d'argent à Mme Delorme ?

M. EVANNO : En sortant de chez Mme Delorme nous allâmes chez la tante de Mlle Lecoupanec. Mlle Lecoupanec nous dit alors en plaisantant : Vous auriez le vote de M. Delorme, si vous faisiez un cadeau à sa femme ; elle ajouta : Mme Delorme a eu son amour-propre blessé, elle a reçu à dîner M. Guilhem et M. le sous-préfet, elle n'avait point d'argenterie, elle a été obligée d'emprunter les couverts de ma tante, et alors M. Bréart répondit en souriant : Ah ! on lui en donnera de l'argenterie.

Mme Delorme : Rien de tout cela ne s'est passé.

M. Evanno : J'affirme que c'est bien la vérité.

M. le prés. : Vous vous occupiez de l'élection de M. Drouillard ?

M. Evanno : Oui, monsieur, je l'avoue, mais je défie qu'on puisse établir que j'ai fait des propositions à qui que ce soit ; qu'on puisse m'imputer une seule tentative de corruption.

M. le prés. : N'avez-vous pas entendu parler d'actes de corruption.

M. Evanno : Oui, des bruits étaient en effet répandus dans la campagne, mais je crois que ce sont des bruits que les partisans de M. Guilhem faisaient courir pour les exploiter ensuite.

M. le prés. : Mlle Lecoupanec, Mme Delorme a-t-elle emprunté des couverts d'argent à votre tante ? — R. Oui.

M. Berryer : Quelle est la réputation de M. Rousseau père ?

M. Evanno : Je n'ai pas de reproches personnels à lui faire, mais seulement dans l'arrondissement sa réputation n'est pas excellente.

M. Paillard de Villeneuve : Le témoin a-t-il vu M. Limon colporter la protestation ?

M. Evanno : Un de mes amis intime qui habite à Bazale m'a dit qu'il a signé la protestation à la brune et que M. Limon lui a caché les noms qui étaient dans la protestation.

M. Limon : Comment dites-vous ?

M. Evanno : Que vous lui avez caché les noms qui étaient dans la protestation; parce que si j'avais vu, s'écria-t-il, que votre nom y était, je n'aurais jamais signé la protestation.

M. Limon: Deux seules personnes au monde peuvent dire que je suis allé leur porter la protestation.

M. Evanno : N'est-il pas vrai que M. Limon a arrêté un électeur qui revenait de sa campagne et l'a fait entrer dans la chambre du conseil, l'a engagé à signer en lui disant qu'il s'agissait, non pas d'une protestation, mais d'un point de droit électoral à vider.

M. le prés. : Nous ne pouvons éterniser le débat.

M. Bréart de Boisanger, avocat à Quimperlé, est introduit, sa présence excite un mouvement marqué de curiosité.

M. le président : Je dois vous prévenir que, comme avocat, vous devez connaître les dispositions du code de procédure civile et savoir que la loi défend aux témoins, sous peine de suspicion, de manger et de boire avec les prévenus. Avez-vous respecté cette disposition ?

M. Bréart : Je suis et j'ai toujours été l'ami des hommes que vous êtes appelé à juger ; les circonstances ont voulu que nous soyons descendus dans le même hôtel, je le dis sans crainte, j'ai bu, j'ai mangé avec eux. (Mouvement.)

M. le prés. : Etait-ce à une table publique ?

M. Bréart : Oui, monsieur.

M. L'av.-gén. : Avez vous dîné, chez M. Drouillard, dans une chambre particulière ? — R. Non.

M. L'av.-gén. : Je prie M. le président, en vertu de son pouvoir discrétionnaire, de faire appeler, comme témoin, M. Lebreton, maître d'hôtel du Cheval-Blanc.

M. Bréart : Avant l'ouverture des débats, un repas a été servi dans un salon occupé par M. Drouillard, mais il y avait beaucoup de personnes, de sorte que je ne puis considérer cela comme une chambre particulière.

M. Berryer : C'est un salon qui sert souvent à dîner au public.

M. Freslon : Si nous recherchons ici ce qui a été dit dans les tables d'hôtes, il faut faire venir ici plus de cent personnes.

M. le prés. : Monsieur, faites votre déposition.

M. Bréart : Je suis étonné des paroles sévères qui m'ont été adressées par M. l'avocat-général dans son exposé, je ne les ai pas méritées, elles ne peuvent m'atteindre; mais loin de mes amis et de mes parents, n'étant point protégé par l'opinion de mes concitoyens, j'ai dû être étonné et affligé, je dois les repousser péremptoirement. Je n'exerce pas la profession d'avocat, mais j'en ai le titre et je suis fier de le porter, parce que j'en apprécie la dignité. J'ai appuyé la candidature de M. Drouillard, mais je ne crois pas être sorti des bornes que m'impose le caractère d'honnête homme.

M. Berryer : Je viens d'entendre le témoin déclarer qu'il est avocat, je tiens à maintenir les prérogatives de notre profession. Je demande à la cour de maintenir les droits de la profession d'avocat, sa liberté, sa dignité. M. Bréart a signé, comme conseil, un mémoire pour M. Drouillard, je comprend qu'on l'interroge sur des faits qui lui sont personnels, mais non sur des faits généraux, et il y est interpellé.

Je ne crois pas, comme membre du barreau, pour l'honneur, pour la dignité, pour l'autorité de la profession que nous ne devions consentir à ce qu'il réponde. (Mouvement.)

M. L'Av. gén. : Il appartient à M. Bréart seul d'apprécier s'il doit répondre.

M. Berryer ; M. l'avocat-général, lorsqu'un magistrat comparaît devant la cour, vous lui rappelez les droits et les priviléges de la magistrature, quand un avocat se présente nous pouvons lui rappeler ; comme membre du barreau, je maintiens donc mes observations.

M. Bréart : En invoquant mon titre d'avocat, je me suis placé sous sa protection, pour faire cette réserve, j'attends donc la question que l'on voudra me faire.

M. le prés. : Je vous demande si vous êtes allé chez M. Delorme avec MM. Evanno et Ledoussal ? — R. Oui.

M. le prés. : Avez-vous proposé à Mme Delorme un voyage à Paris ?

M. Bréart : Ce propos a besoin d'être précisé, c'est un de ces propos qu'entraîne le cours de la conversation et qui ont besoin d'être expliqués. M. Evanno mariait une de ses filles à Paris, Mme Delorme exprima le désir de voir Paris ; M. Evanno dit : Profitez de cette occasion pour venir voir Paris. J'ajoutai : je suis souvent à Paris, si Mme Delorme y vient, je me fais un plaisir de l'y accompagner, de lui montrer les monuments.

Puisqu'on a cru devoir rappeler ce fait aux débats, je suis étonné qu'on ait omis une autre circonstance ; quelques jours après ce propos, Mme Delorme causait de cela, elle dit : Oui, M. Bréart m'a proposé un voyage à Paris, j'ai été tentée d'accepter, mais j'ai refusé parce qu'on m'avait proposé un voyage plus avantageux où j'avais une voiture à ma disposition... j'irai même à la cour. (Rires.)

M. le prés. : Mme Delorme, vous rappelez-vous cela ? — R. Non, Monsieur.

M. le prés. : M. Bréart, avez-vous donné mandat à Mlle Lecoupanec d'offrir à Mme Delorme douze couverts d'argent et une cuillière à potage.

M. de Bréart : Non, monsieur, je me suis rappelé depuis qu'étant un jour à déjeuner chez Mme Lecoupanec, sa fille nous raconta que Mme Delorme avait reçu à dîner M. Guilhem et M. le sous-préfet, qu'elle avait été honteuse de n'avoir pas d'argenterie et en avait emprunté. Alors on dit en plaisantant : Eh ! mais ! on lui en donnera de l'argenterie pour recevoir M. Guilhem.

M. l'av.-gén. : Vous avez offert une fois six couverts, une autre fois douze.

M. Bréart : J'affirme que je n'ai fait aucune proposition de ce genre. Si j'avais eu à les faire, je me serais adressé à Mme Delorme et non à Mlle Lecoupanec.

M. le prés. : Michel Mathias a-t-il fait des offres à Delorme.

M. Bréart : J'ai entendu dire, au contraire, que c'était Delorme qui avait fait des propositions à Mathias en lui envoyant une lettre anonyme.

Mlle Lecoupanec est rappelée et reproduit ce qu'elle a déjà dit.

Le témoin répète qu'il a proposé un voyage de Paris à Mme Delorme.

M. Berryer : A-t-il été question de M. Drouillard et des élections?

Mlle Lecoupanec : Non.

M. Freslon : Avant que M. Bréart se retire, je désire lui adresser une question : M. Bréart, est un homme intelligent qui ne peut prendre une détermination sans des motifs graves d'intérêt général... Voudrait-il nous dire pourquoi il a voté et fait voter pour M. Drouillard.

M. Bréart : Je trouvai que la candidature de M. Guilhem était un danger pour l'arrondissement de Quimperlé. Je suis un homme d'ordre. Je désirerais ne voir dans le pays que des sentiments patriotiques et de grandeur nationale. Je déplorai que la candidature de M. Guilhem eût jeté dans le pays des luttes perpétuelles. L'administrateur du pays n'était plus un administrateur, mais un agent électoral. Je ne fais pas remonter ce reproche au-dessus de l'administration locale, mais il n'en est pas moins vrai que l'administration n'avait plus pour but que la candidature de M. Guilhem. Les nominations des maires des communes se faisaient dans un but unique, celui de l'élection de M. Guilhem. Ainsi, par exemple, la nomination de M. Quené-Hervé, commissaire de police à Quimperlé, a ému le pays et n'a pas été approuvée par tout le monde. Il y avait encore une autre cause de désordres qui me révoltait, c'étaient des fraudes électorales. Ainsi, en 1846, M. Allard figurait sur les listes... Il s'attribuait trois sortes d'impôts qui ne lui appartenaient pas. Le nommé Gourlay était aussi inscrit sur les listes du jury, et cependant il était manifeste qu'il n'était pas électeur. Je demande au percepteur des extraits, le percepteur me dit c'est inutile, ils ont été adressés au préfet.

Le percepteur croyait que je voulais les faire inscrire, mais non, les faire rayer. Il m'affirma qu'il n'était pas électeur.

M. le prés. : N'avez-vous pas eu des rapports personnels avec M. Guilhem ?

M. Bréart : J'ai été froissé de le voir revendiquer la députation comme un droit qui lui appartenait, à lui, vainqueur de 1830, et il s'indignait que M. de Carné (un homme honorable qui siége à la chambre avec l'estime de tous ses collègues de la France entière) osât demander sa part des dépouilles opimes, c'est là la source de toutes les discordes qui ont déchiré l'arrondissement de Quimperlé.

J'ajouterai, que non content de donner des places ou de les offrir, on excitait la conviction et la cupidité.

M. LE PRÉS. : Avez-vous connaissance que des propositions eussent été faites?

M. BRÉART : J'ai été un des premiers pour indiquer à M. Drouillard de quelle manière on pouvait servir le pays, d'une manière utile et noble. J'avais depuis longtemps songé, avec M. de Mauduit et autres, à l'établissement d'une banque pour l'industrie, pour l'agriculture. L'usure dévorait l'arrondissement de Quimperlé. L'argent y coûte 7 et 8 0/0. J'ai demandé à M. Drouillard s'il pourrait prêter à 4 0/0; voilà ce qui a donné naissance aux prêts.

M. LE PRÉS. : L'établissement de cette banque a-t-elle été imposée comme une condition *sine qua non?* — R. Non.

M. LE PRÉS. : N'avez-vous pas connaissance d'un journal de Quimperlé, écrit dans le sens de M. Drouillard, qui annonçait ce fait?

M. BERRYER : Le fait sur lequel on vient d'interroger M. Bréart, est un fait énorme. Je demande si des écrits pareils ont paru à Quimperlé?

M. L'AV.-GÉN. : Je fais mes réserves, M. Berryer. Dans un débat oral, MM. les jurés doivent connaître tous les faits.

M. LE PRÉS. : La défense a pourtant fait elle-même beaucoup de réserves.

M. BERRYER : Nous avons fait des réserves sur la discussion, mais non sur les faits.

M. LE PRÉS. : M. Bréart, répondez à ma question.

M. BRÉART : Non, monsieur, je n'ai eu aucune connaissance de ces écrits.

M. LE PRÉS. : M. Bréart, auriez-vous quelque chose à dire sur les faits de corruption? — R. A part les prêts dont on a parlé et qu'on a dénaturé, je ne sais rien...... Ah! si!....j'ai entendu dire que dans l'autre camp, deux paysans, à table d'hôte, avaient demandé 7,000 fr. pour vendre leurs voix. M. Mauduit parlera de cela. A l'égard du sieur Freval, il y a aussi un fait de corruption bien caractérisé.

Un débat s'élève sur une lettre adressée à la *Gazette de France*, M. Bréart, dit que dans le sermon de M. le curé de Querrien, la phrase essentielle a été tronquée, qu'il a recueilli cette phrase textuellement et qu'il l'apportera à l'audience de demain.

M. L'AV.-GÉN., à M. Bréart : Vous offriez, dans votre lettre, de dénoncer des faits. Pourquoi ne l'avez-vous pas fait? — R. Je n'ai pas été appelé dans l'instruction et ma lettre a été remise au magistrat instructeur. De plus, elle a été imprimée à Quimperlé à 150 ou 200 exemplaires et les magistrats n'ont pu l'ignorer.

M. BERRYER : Il est fort remarquable que M. Bréart, qui a publié sa lettre, qui l'a distribuée, n'ait pas été interrogé ; que M. le procureur du roi qui stimulait des révélations, M. le juge d'instruction qui cherchait des coupables, n'aient pas désigné M. Bréart qui ne demandait qu'à parler.

53e *témoin.*—Guillaume-Marie CARRIOU, cultivateur: Après le dépouillement du scrutin, je suis allé avec Sébastien Leduc chez M. Goin. Sébastien Leduc me dit que Jossin et Carré lui avaient déposé chacun 600 fr. Plus tard, j'entrai chez Leduc et il me fit voir la barrique de cendres où les sacs avaient été déposés.

Le témoin entre ensuite dans des détails sur la façon dont les choses se passaient lors du scrutin. On y conduisait les électeurs à moitié ivres dans des voitures. A la sortie des voitures, on les prenait, on les entraînait dans la salle; d'autres s'en emparaient à l'entrée et faisaient leurs bulletins.

J'ai rencontré Jean Audren en sortant de Quimperlé. Je lui ai fait des reproches de s'être laissé mener chez M. Mauduit et je lui ai dit qu'il ne s'était pas conduit en honnête homme.

Au bourg de Clohars, je dis à Audren que ceux qui l'avaient gardé l'avaient fait boire et que je voulais qu'il me payât à boire aussi; pour payer il tira un sac de sa poche qui était fermé avec un lacet de femme, comme sa femme, sa fille et sa mère n'en ont jamais porté.

Le lendemain, j'allais à Quimperlé, pour parler à M. Limon. J'entrai chez la veuve Guillomard, cabaretière, qui me rapporta qu'Audren était passé, qu'il lui avait dit qu'il avait eu 900 fr., mais que Mathias était plus fin, qu'il avait eu 1,200 fr.

Quelques jours après, j'ai été chez le greffier du juge de paix dont la femme m'indiqua le chemin que je devais prendre pour rencontrer son mari. Sur la route, j'ai rencontré un ouvrier qui m'a conduit et que j'ai fait rester pour m'attendre. Je lui ai demandé si le maire Pénober n'avait pas eu deux montres. Il m'a répondu que oui, une pour lui et une pour son fils.

M. LE PRÉS., à Audren : Avez-vous tenu à la femme Guyomard le propos rapporté par le témoin ?

AUDREN : J'ai été obligé d'emprunter de l'argent...

Karriou rit avec incrédulité.

Audren rapporte qu'il a fait des pertes énormes, qu'il a cautionné un homme qui a fait de mauvaises affaires et avec lequel il a perdu une dizaine de mille francs.

Le fait est attesté par les nombreux habitants de Quimperlé.

M. PROU : Depuis longtemps, Audren et Karriou sont en rivalité d'influence et de relations. Les choses ont été assez loin pour qu'un procès en diffamation eût été intenté par l'un d'eux à l'autre.

D. Quel était le motif du procès ?

AUDREN : Parce que je lui avais dit qu'il était un voleur. (Carriou rit avec tant de bon cœur que l'auditoire se mêle à sa gaîté.)

La cour met fin à ce débat.

D. Audren, le jour des élections, vous êtes-vous rendu dans la voiture de Carriou ? — R. Oui, il m'a invité.

D. Carriou, vous souvenez-vous de ce qui s'est passé entre Bosquet et Ledoussal ?

LE TÉMOIN : J'ai rencontré M. Ledoussal et je lui ai dit :

Vous avez tort de vous donner tant de mal, vous ne réussirez pas. Il m'a répondu que M. Drouillard était bien riche, qu'il établirait une banquette (on rit)... une banque, et qu'il placerait Bosquet dans les chemins de fer, où il aurait 3,000 fr. d'appointements.

M. LE PRÉS. : Vous n'oublierez pas que M. Drouillard est banquier du chemin de fer de Tours à Nantes et de celui de Cette à Bordeaux.

M. DROUILLARD, avec vivacité : M. Drouillard n'a jamais placé personne dans ces chemins. Il y a plus, ces deux chemins n'ont point de personnel, à part les deux employés d'Angers et de Saumur.

M. LEDOUSSAL nie formellement le propos, et prétend que Carriou ne sait ce qu'il dit.

CARRIOU, vivement : Malheureusement pour vous, trop. (On rit.)

CARRIOU reprend sa déposition, revient sur le fait relatif à Bosquet et prétend que Ledoussal a dit à Bosquet d'offrir 300 fr. s'il pouvait empêcher Delorme et sa femme de voter (hilarité générale), et 1,200 fr. s'il le faisait voter pour M. Drouillard.

Carriou, qui est infatigable,recommence à parler du jour de l'élection et prétend que, dans une auberge de Quimperlé, Mlle Lecoupanec aurait demandé qui était nommé, et que, quand elle a su que c'était M. Drouillard, elle se serait écriée: Tant mieux, je suis plus riche de 2,000 fr. C'est le beau-frère de Mlle Lecoupanec qui aurait dit cela au témoin.

M. BERRYER : On a prétendu qu'Audren n'avait pas besoin d'argent. Audren a dit que, par une suite d'une caution donnée par lui, il avait fait une perte de 10,000 fr., et des témoins ont certifié le fait.

M. Berryer constate plusieurs contradictions dans la déposition de Carriou et lit la déclaration d'un témoin entendu dans l'instruction et qui contredit complètement le fait relatif aux propos tenus par Audren dans la voiture de Carriou, le jour de l'élection.

54e *témoin.*— Romain BOSQUET,arpenteur-expert.

Le 28 juillet, j'ai rencontré Carriou, nous avons pris un verre de vin ensemble. M. Ledoussal est entré, il m'a dit vouloir me confier une expertise. On parla de choses et d'autres. Puis il me dit vous êtes vieux, votre état vous fatigue, vous devriez vous retirer. Je répondis que j'avais besoin de vivre, et alors il me parla des chemins de fer et d'une place que je pourrais y avoir, mais il ne fut pas question de M. Drouillard. Nous sortîmes. M. Ledoussal vint me reconduire, et, arrivé à quelques pas de la maison, il me dit que si je voulais empêcher Delorme de voter, j'aurais 300 fr., et que, si je le faisais voter pour M. Drouillard, on me donnerait 1,200 francs.

Quelque temps après, Ledoussal vint chez moi me demander une rétractation. Il me dit que Carriou avait prétendu avoir assisté à la proposition qu'il m'avait faite. Je lui dis que ce n'était pas vrai, que la conversation avait eu lieu entre nous seuls, et que personne ne l'avait entendu. J'attestais le fait. Mais cette rectification seulement.

M. Berryer donne lecture d'une lettre de Bosquet à Ledoussal. Dans cette lettre, Bosquet dit que leur rencontre a été tout accidentelle ; il constate la discussion à table, la sortie de l'auberge, le voyage ensemble, mais ne parle pas des propositions relatives à Delorme.

M. Berryer insiste sur cette lettre et montre la contradiction qu'il y a entre la déposition écrite, la déclaration orale et la lettre du témoin.

D. A quelle occasion avez-vous écrit cette lettre?

Le témoin repète l'explication qu'il a donnée en parlant de sa rétractation.

D. Bosquet, qui vous a demandé cette lettre? — R. M. Ledoussal.

Ledoussal : J'ai appris que j'étais calomnié dans la protestation relative à l'élection. Je savais que M. Bosquet se plaignait de ce qu'on se fût servi de son nom sans son consentement. J'allai chez Bosquet et lui demandai la rétractation ensuite de laquelle il m'écrivit la lettre qu'on vient de lire.

M. Berryer : Ledoussal était-il présent quand le témoin a écrit sa lettre? — R. Il était descendu.

55e *témoin.* — JOSEPH-MARIE CHANCELEY, à Quimperlé: Il est à ma connaissance que Jossin et Carré couraient la campagne pour influencer les électeurs. J'ai rencontré Carré et lui ai demandé s'il ne craignait pas que la justice s'en mêlât; il me dit que s'il était à recommencer il ne le ferait pas.

Un autre jour, me trouvant à Clohars, on me dit qu'on venait d'enlever Audren pour le conduire à Quimperlé, qu'il était dans un cabriolet avec M. Bréart et M. Mauduit. C'était huit jours avant l'élection. Le troisième fait articulé est relatif aux propositions faites par Ledoussal et Bosquet.

Quelques questions sont adressées au témoin.

M. Segris demande si le témoin qui a eu des relations avec Leflecher père a eu à se plaindre de celui-ci. Le témoin répond affirmativement et dit qu'il lui a plusieurs fois prêté de l'argent.

56e *témoin.* — PIERRE LENAO, meunier à Quimperlé.

M. Bréart lui a offert une somme de deux mille francs s'il voulait voter pour M. Drouillard.

M. BRÉART : Le fait est faux. J'ai bien rencontré Lenao, je ne lui ai point offert d'argent. Mais sachant les moyens d'intimidation qu'on pouvait employer j'ai parlé de la banque que M. Drouillard voulait organiser. Je lui ai dit qu'il pouvait comprendre mieux que personne l'utilité de cette fondation, et que s'il le désirait, je pourrais les lui faire prêter par la banque.

Lenao persiste dans sa déposition.

M. PAILLARD DE VILLENEUVE : M. Bréart a parlé de moyens d'intimidation; pourrait-il s'expliquer à ce sujet?

M. BRÉART : A une autre élection, je m'occupais de la candidature de M. de l'Angle. Je vis Lenao qui me dit ne pouvoir voter pour M. de l'Angle, parce que l'administration l'avait menacé de lui imposer des réparations énormes au lit de son cours d'eau, s'il ne votait pour M. Guilhem; et que s'il voulait voter, le département ferait les frais de ces réparations.

Lenao, c'est vrai!

M. BERRYER : Vous le voyez, c'est toujours la lutte des finances de l'Etat contre l'argent des particuliers. (Sensation.)

37e *témoin.* – JEAN MARIE KARÈRE, 33 ans, de Quimperlé :

Peyron s'approche de moi vers la place Royale, il me dit : j'ai dit à mon oncle, ce matin, que je travaillais contre lui, il n'a pas voulu m'écouter. Si tu veux rester à la maison, tu auras 3,000 fr., parce que tu sais beaucoup de choses contre nous.

D. Qu'avez-vous répondu ? — R. Jamais.

D. N'avez-vous pas dit que beaucoup d'électeurs avaient quitté M. Guilhem parce qu'on les avait achetés. — R. Cela m'a beaucoup surpris, parce que toute la commune de Mérac avait voté pour lui, pour le conseil général.

D. M. Ledoussal ne vous a-t-il pas dit quelque chose de remarquable ? — R. Il m'a dit à table... que j'étais le brave des braves, que je n'avais pas reçu l'argent de mon vote ; que je n'étais pas comme ces cochons de paysans. (Bruit.)

M. LE PRÉS. : N'avez-vous pas vu la femme Légat, chercher son mari ? — R. Si, elle est venue à l'auberge.

M. LE PRÉS. : Qu'était devenu son mari ? — R. Elle ne savait pas où il était.

D. Où était-il ? — R. Je n'en sais rien.

M. LE PRÉS. : N'a-t-il pas été conduit à Auray ou à Lorient ? — R. On le disait.

38e *témoin.* — M. FRANÇOIS LEGUILLOU, ancien desservant à Querrien. (Mouvement d'attention.)

Leflecher père a prétendu qu'il avait signé un billet chez moi d'après mon conseil, et que ce billet avait pour but de faire tomber l'élection de M. Guilhem s'il était nommé. Il est vrai que j'ai vu Leflecher, que je l'ai laissé entrer chez moi avec son frère, mais j'ignore ce qui s'y est passé..... Quelque temps après on m'a dit que Leflecher était au désespoir d'avoir signé un billet... Un dimanche, après la grand'messe, on m'appela à la mairie où se trouvait M. Jacob l'un des adjoints. Leflecher et sa femme s'y trouvaient dans un véritable état de désolation. On venait de retirer une corde du cou de Leflecher et en arrivant, il me dit : Demain vous m'enterrerez. Il essaya même de se frapper d'un canif qu'il prit sur la table. Je le dis franchement ce profond désespoir m'émut beaucoup et je commis une faute, je lui offris, s'il avait fait un billet, de faire tout ce qui dépendrait de moi pour l'obtenir. Il me parla de Jossin, de Carré, et de M. Peyron. Je le tranquillisai et envoyai mon garçon à Quimperlé à la recherche du billet. Ce voyage fut sans résultat. Alors pour calmer le désespoir de Leflecher et l'arracher aux idées de suicide qui le possédaient je lui délivrai un certificat dans lequel je disais qu'il était ivre quand il avait signé le billet. Ce qui était faux. J'étais sûr qu'il n'avait rien bu chez moi, puisque j'avais la clé de la cave.

M. Le président rappelle les déclarations de Leflecher relativement à ce billet. Il démontre que les deux versions sont contradictoires et ajoute : Quoiqu'il en soit, vous reconnaissez que le billet a été signé chez vous. Est-ce que votre maison est un cabinet d'affaires? — R. Leflecher et son frère avaient un procès. Pour les reconcilier je les laissais entrer dans ma maison, mais je ne sais pas ce qui s'y est passé ; je descendis fumer dans mon jardin et les laissai dans la salle. De là ce mensonge de Leflecher qui prétend que le billet a été signé devant moi et sur mon conseil.

D. Le billet n'a-t-il pas été déposé entre vos mains ? — R. Non.

M. LE PRÉS. : Vous avez donné une attestation dans laquelle vous dites que Leflecher était ivre quand il a signé le billet? — R. Si vous aviez été à ma place, vous en eussiez fait autant.

Le témoin continue sa déposition : Le 15 août on fit une dénonciation contre moi.

M. LE PRÉS, : En extorsion de signatures ?...

M. LE CURÉ : La dénonciation faite, ce fut Leflecher qui fut chargé de la faire signer et qui la porta à l'évêque de Quimperlé ; Monseigneur lui demanda : Est-ce le curé de Querrien qui vous a fait signer ce billet ; dites-le moi ; vous êtes ici devant Dieu et devant votre évêque, si votre curé vous a fait soûler je le tancerai d'importance.

Leflecher se lève (vif mouvement de curiosité). Je suis allé chez vous vers 4 ou 5 heures. Je vous ai demandé, à vous, qui êtes mon confesseur : Faut-il signer le billet ?... Voulez-vous que je le signe ?... Comme j'étais *saoul* (rumeurs) vo s m'avez fait des mensonges. Vous dites que vous n'y étiez pas, mais des témoins peuvent certifier que vous étiez là quand j'ai signé. Vous qui me connaissez, vous en qui j'avais confiance comme au bon Dieu (mouvement), me laisser signer. Si je m'étais donné la mort, monsieur le recteur, dans quel état m'auriez-vous mis... Vous auriez ruiné ma femme et mes enfants. (Agitation).

M. le curé, interrogé s'il a pris part à l'élection, prétend n'avoir fait que dire qu'entre MM. Drouillard et Guilhem il y avait peu de différence, mais que pour lui il voterait pour M. Drouillard.

D. Avez-vous cherché à influencer les électeurs ? — R. Non.

M. l'Av.-gén. : Le sous-préfet ne vous a-t-il pas reproché d'avoir tenu ce propos à vos paroissiens électeurs : Prenez des deux mains et agissez comme vous l'entendrez.»

M. le curé dit que le propos a été tenu en plaisantant.

Karère se levant : Le recteur étant à dîner avec moi, à dîner au *Pardon de Baie* a dit « J'ai conseillé à mes électeurs de prendre de l'argent des deux mains. (Sensation profonde.)

M. Segris : Contre Leflecher il y a deux accusations l'une du ministère public, l'autre de M. Drouillard. M. Drouillard a dit à la chambre que cet homme était condamné pour escroquerie... Je voudrais qu'il s'expliquât ici.

M. Berryer : Ne répondez pas !

M. Segris : On ne veut pas répondre...

M. Berryer : Je suis très étonné de l'interpellation qui m'est adressée par un avocat. Nous savons tous quel est le devoir de notre ministère. Les parties dans la chaleur de leur démêlé peuvent faire des imputations hasardées, mais nous n'admettons pas qu'on provoque la défense à s'expliquer sur ce qu'elle doit dire. Un avocat n'a pas besoin de demander si la défense fera telle ou telle imputation.

M. Segris : C'est à M. Drouillard que je m'adresse.

M. Berryer : La défense m'appartient.

M. le président interroge M. Drouillard sur les paroles

par lui prononcées à la chambre des députés. M. Drouillard explique que son discours était une improvisation et que les paroles qu'il a prononcées n'étaient que l'expression de bruit public.

M, Segris cite un mémoire imprimé, distribué à la chambre des mises en accusation et dans lequel on traite Lefflecher de repris de justice.

M. Paillard de Villeneuve : Je regrette que M. Segris n'ait pas compris l'observation de M. Berryer. Ce n'est plus à la partie qu'il s'adresse, c'est au défenseur. Le mémoire dont il parle ne fait pas partie du procès, les jurés ne le connaissent pas et ne peuvent pas le connaître. Si on attaque le mémoire dans la discussion, je le défendrai. Jusque-là, il n'y a pas lieu de s'en occuper.

M. L'Av.-gén. : M. le curé, n'avez-vous pas reçu de l'argent de M. Drouillard ? — R. Oui. Depuis 1823, M. Drouillard est mon bienfaiteur sans le savoir.

D. Comment ? expliquez-vous ! — R. En 1823, j'étais bien jeune, sans ressources ; de pieuses dames, au moyen d'appels faits à la bienfaisance de charitables propriétaires, me firent donner du pain et des vêtements. Parmi ces propriétaires était M. Drouillard. Plus tard, quand je fus entré dans les ordres et appelé à la cure de Querrien, les mêmes bienfaits me suivirent.

D. Est-ce pour vous personnellement que M. Drouillard vous envoyait de l'argent ? — R. Non, c'est pour mes pauvres.

D. N'êtes-vous pas gêné dans vos affaires personnelles ? — R. Non.

D. La caisse de la fabrique n'est-elle pas en déficit ? — R. Non.

Karère, interrogé, rappelle le propos tenu par le recteur, au pardon de Baie, et ce fait est certifié par M. Dufleil, principal du collége de Quimperlé.

L'audience est levée à cinq heures et demie.

CINQUIÈME AUDIENCE. *Dimanche 14 Février.*

L'audience est ouverte à dix heures et demie.

M. LE PRÉS. : M. le recteur, approchez... Je prie M. Drouillard de se retirer.

M. LE PRÉS., à M. le recteur : Vous avez reconnu que M. Drouillard était votre bienfaiteur. Quels ont été vos rapports avec lui? — R. Je n'ai eu aucun rapports avec lui; il m'a fait donner de l'argent par des sœurs de charité.

D. Qui vous a dit que ce fût lui qui vous les donnât? — R. Ceux-là même qui étaient ses intermédiaires.

M. L'AV.-GÉN. : A quelle époque.

M. LE PRÉS. : Permettez, M. l'avocat-général, je n'ai pas fini... (Au curé) A quelle époque ? — R. En 1823.

D. Où cela ? — R. A Morlaix.

D. Que faisiez-vous ? — J'allais à l'école.

D. Depuis les élections, vous avez reçu de l'argent ? — R. 700 francs environ.

D. Pour vous ? — R. Non, pour les pauvres.

M. L'AV.-GÉN. : Quel âge avez-vous ? — R. 48 ans.

Un débat s'engage ici sur la déclaration écrite du témoin qui n'aurait pas dit dans l'instruction, qu'il aurait reçu de l'argent de M. Drouillard.

On fait rentrer M. Drouillard, qui explique que chaque fois qu'il est allé voir les électeurs d'une commune, il se présentait d'abord au recteur.

Interrogé sur le point de savoir s'il a donné de l'argent au curé, M. Drouillard répond qu'il ne lui en a pas donné lui-même, mais qu'il lui en fait tenir.

D. Combien ? — R. Une fois 250 à 300 francs et une autre fois 100 francs.(M. Drouillard entre ici dans quelques explications sur les charités qu'il a faites en Bretagnes depuis 1823, époque à laquelle il devient propriétaire en ce pays.)

M. l'avocat-général veut faire une question...

M. LE PRÉS. : Pardon... Je pose moi-même des questions. (A M. Drouillard.) A quelles personnes étaient remises vos charités.

M. DROUILLARD : J'ai à Morlaix un fondé de pouvoir, M. Beau, un des hommes les plus honorables du pays. Mes charités se font par son intermédiaire.

M. LE PRÉS. : Je vais continuer à faire quelques questions aux prévenus sur le fait du billet... Jossin, le billet de 1,200 francs a-t-il été signé au presbytère ?

Jossin raconte en quelle circonstance le billet a été signé et il avoue que la signature a eu lieu au presbytère.

D. Pourquoi le billet porte-t-il la date du 29 décembre 1845, tandis qu'il figure sur les livres de M. Peyron seulement à la date du 4 janvier ? — R. Il est resté quelque temps chez moi.

D. Est-ce bien chez vous ? — R. Oui. Si vous voulez, je vais sortir et vous interrogerez Carré. (Rires.)

M. LE PRÉS. : Carré, reconnaissez-vous que Leflecher a voulu rembourser avant l'échéance? — R. Non.

M. SEGRIS : Le prévenu Jossin reconnaît que le versement des fonds a été fait avant le 11 janvier.

JOSSIN : Oui.

M. SEGRIS : Ce n'est pas le billet, c'est la sortie des fonds qui est inscrite sur les livres de M. Peyron. On y lit : compté à Leflecher sur son billet.

M. l'avocat-général donne ici lecture de la lettre de rétractation de Leflecher. Cette lettre est ainsi conçue:

« Monsieur Peyron,

» C'est à regret que nous sommes obligés de vous demander de nous rendre la parole que nous vous avions donnée de voter pour M. Drouillard.

» On nous tracasse pour M. Guilhem, que nous ne pouvons pas refuser ; il y va de l'intérêt de notre famille.

» Nous n'avons ni places, ni bourses à demander. Ainsi,

notre vote nous devient inutile, ce qui n'est pas pour tant d'autres.

» Qu'est-ce que la petite monnaie que nous offre M. Guilhem, auprès de ce qu'il fait avoir à d'autres.

» Mais vous devez comprendre que, n'ayant pas de raison de voter plutôt pour l'un que pour l'autre, nous devons préférer celui qui nous fait du bien.

» Au bourg de Querrien, le 29 juin 1846.

» Leflecher. »

M. Berryer : Leflecher père a-t-il revu sa lettre depuis qu'on le lui a fait signer au presbytère.

Leflecher : Le lendemain matin, le recteur m'a dit vous avez signé une pièce qui peut faire annuler l'élection de M. Guilhem. Je suis allé chez M. Peyron qui me lut la lettre. Depuis je l'ai demandée inutilement.

M. le prés. : L'original a complètement disparu. Il serait utile cependant de savoir de qui était l'écriture.

M. le prés : Carré, reconnaissez-vous que le 29 juin vous êtes allé au presbytère avec Leflecher. — R. Oui.

D. Y êtes-vous allé ensemble ? — R. Non.

M. le curé : Je les ai laissés tous deux dans un salle.

M. Berryer : M. le président, veuillez demander ce qu'il y avait dans la lettre que vous avez lue qui ait pu porter Leflecher à ces sentiments de désespoir qui allaient jusqu'au suicide.

Leflecher père : M. le recteur m'avait dit : Vous avez signé une lettre qui pourra vous compromettre. Je ne savais pas au juste son contenu.

Carré : C'est faux !

Leflecher : Ce sont les paroles que vous avez dites qui sont presque toutes fausses.

M. Berryer : Quel jour M. Peyron a-t-il lu la lettre Leflecher ? — R. Le 3 août.

M. Berryer : Etait-il bien ivre ?

LEFLECHER : Oh ! oui, bien ivre; M. le recteur avait envoyé deux ou trois petits garçons pour me remettre sur la route.

M. BERRYER : Il était complétement ivre... Il n'a pas vu le corps du billet ; il n'a pas tenu la lettre dans sa main. Il ne l'a pas vue le jour où M. Peyron lui a lue. Il a dit : Je pense que ce billet avait été écrit par Peyron, parce que ni Jossin, ni Carré, ne sont capables d'écrire un billet aussi bien que celui-là !

LEFLECHER : J'ai dit à Rennes que je n'étais pas sûr que la lettre avait été écrite par Peyron. J'ai vu la lettre quand je l'ai signée, mais il y avait entre M. Peyron et moi la largeur d'une table.

M. FAUGEYROUX : M. Kersulec n'a-t-il pas été récemment sur l'une des places d'Angers, en conversation avec M. le recteur de Querrien.

M. KERSULEC : Oui, nous avons parlé de la vérité, et il m'a dit qu'il y avait deux vérités : la vérité légale et la vérité vraie et que l'une d'elles pouvait être éludée.... (Etonnement.) Il me l'a dit devant M. Chanceley. Après un tel langage, je me suis retiré indigné d'entendre sortir de pareilles paroles de la bouche d'un ministre de la religion.

M. LE PRÉS. au recteur : Quoi ! Pendant que des témoins déposaient sous la foi du serment ! Est-ce vrai, témoin Leguillou ?

LE RECTEUR : Le temps est si long... Il faut bien s'amuser à quelque chose ! (Pénible sensation.)

La femme Orbanno, témoin entendu, demande à faire une observation relative à la signature du billet. C'est la confirmation par ouï dire du système invoqué par Leflecher ; c'est la constatation que Leflecher était extrêmement ivre.

59e *témoin*. — Pierre CADIC, maire à Querrien : Au commencement de l'élection, nous avons eu en cadeau une croix d'argent qui a été apportée par M. Ledoussal ; je l'ai refusée ; mon adjoint l'a reçue. On a fait une procession pour cette croix ; le bedeau est venu me chercher pour la porter, je n'ai pas voulu. Un écolier l'a portée. Depuis ce jour, on l'appelle la croix des enfants.

Leflecher vous a-t-il porté une plainte au sujet d'un billet qu'on vous a fait signer le 29 juin.

Cadic rapporte le récit que lui a fait Leflecher sur les faits relatifs au billet, récit plus d'une fois reproduit dans ce débat.

LE MAIRE DE QUERRIEN : Quelques jours avant les élections on est venu enlever les électeurs de Querrien, Vincent Cadic s'est renfermé dans son grenier. Il avait la clé en dedans. M. Hippolyte de Mauduit m'a dit : Cachez les prisonniers. J'ai répondu : Il n'y a pas de prisonniers, il n'y en a qu'au Pavillon... Je fis venir mon beau-frère.... M. de Mauduit lui dit : Voulez-vous me suivre... Non, dit-il.

M. LE PRÉS. : Y a-t-il eu un banquet à Querrien.—R. Oui, mais je n'y suis pas allé, ce n'était pas mon opinion; l'ancien notaire qui y était, a dit que tous ceux qui ont assisté au banquet étaient des cochons, excepté M. Bréart.

On fait sortir le curé.

M. LE PRÉS. : Quelle a été la conduite de M. le recteur, s'est-on plaint de lui ? — R. Ah ! dam, vous savez, il n'y a personne qui plaise à tout le monde. Il y en a qui ont eu à se plaindre de lui. Nous avons écrit à l'évêque pour demander son changement, avec beaucoup de signatures.

D. N'avez-vous pas, vous et votre adjoint, dressé un procès-verbal contre lui ? — R. Oui, pour Leflecher.

D. Pour un fait étranger à cette affaire ? — R. Je ne me rappelle pas.

D. Ne se serait-il pas trouvé dans une circonstance qui ne convenait pas à son caractère et à son habit. — R. Je n'en ai pas connaissance.

60e *témoin*. — JACOB, adjoint au maire, confirme la déposition du précédent témoin, relativement à Leflecher, dans la scène de la tentative de suicide. Leflecher, dit-il, a défait ses boutons de chemise, et allait se donner un coup.

M. LE PRÉS. : Jossin et Carré venaient-ils dans la commune de Querrien. — R. Oui, souvent.

M. BERRYER : C'est M. Jacob qui a porté la croix du presbytère.

61e *témoin.* — Mme Jacob, femme du précédent témoin : Leflecher est venu me dire : Madame, je vais vous payer ce que je vous dois et demain vous ne me verrez plus. Il se dirigea vers un champ, je le suivis et le ramenai et je dis à mon mari et au maire : Veillez sur cet homme, car il a de mauvaises intentions.

62e *témoin.* — René Squirion, propriétaire à Malzven : Le 18 août, je dînai chez M. Loyer à Rosporden. Il me rapporta que Dagorn lui avait dit qu'il avait reçu trois sacs sans spécifier la somme, qu'il avait fait comme les autres et qu'il avait honte d'être électeur.

Etant à la chasse avec le lieutenant de gendarmerie, je suis entré chez un nommé Guillou, pour me désaltérer. J'ai vu coller contre la fenêtre une lettre dont j'ai reconnu l'écriture, elle portait :

Mon cher Guillou,

Je t'invite, de la part de M. Drouillard, à venir dîner à Banalide, nous serons une douzaine d'électeurs.

Ton ami,

Dagorn.

M. le prés. : Dagorn, avez-vous écrit cette lettre ?

Dagorn : Oui, monsieur.

D. Persistez-vous à nier ce propos ? — R. Oui, monsieur.

63e *témoin.* — Henri Collin, propriétaire à Clohars : Audren a dit chez la femme Guyomard, en revenant des élections, qu'il avait 100 ou 300 écus et Mathias 400 fr. ou 400 écus. Cette femme a répété le propos sur la place de Quimperlé, devant Jollivet, Carriou et Portier....

Audren nie énergiquement le propos.

64e *témoin.* — Marie-Joseph Maudré, femme Guyomard, 44 ans, cabaretière à Clohars. Cette femme ne parle que le bas-breton et dépose, par l'intermédiaire d'un interprète : Qu'Audren est entré dans son cabaret, en revenant de l'élection, et qu'il lui a dit qu'il n'avait pas perdu sa journée ; qu'il avait reçu 300 écus et Mathias Michel 400. J'ai raconté ceci en présence de plusieurs personnes.

Le 10 septembre, deux gendarmes sont venus me chercher pour aller trouver MM. les juges. Je m'y suis rendue.

M. LE PRÉS. : Racontez ce qui s'est passé le lendemain.

LE TÉMOIN : Le soir, je sortais pour faire une commission, et je vis trois hommes à ma porte. M. Ledef est entré sans rien dire ; Jean Audren a dit bonsoir, et M. l'apothicaire est resté à la porte. J'ai voulu sortir, mais M. Ledof m'a retenu et m'a dit : Vous êtes allée au bourg ? — Oui, deux gendarmes sont venus me chercher. — Qu'avez-vous dit ? — Cela ne vous regarde pas, je n'ai pas affaire à vous.

Je dis donc : Cela ne vous regarde pas ; c'est à Jean Audren que j'ai affaire. Audren, qu'avez-vous dit ici en revenant de l'élection de députés ?

M. LE PRÉS. : Qu'a-t-il répondu ? — R. Audren a dit : Que le cidre m'empoisonne si je l'ai dit, et je lui ai répondu : Le sang de crapaud est aussi mauvais que lui, buvons-le entre nous deux. Demandons à Dieu et à Notre-Dame que celui qui le mérite vive ! (Sensation.) Après cela, Audren ne m'a rien dit.

La déposition de la femme Guyomard continue sur les détails du fait qu'elle articule. Cette déposition, très laborieuse par le fait même du langage que parle le témoin excite une profonde sensation que le costume et la figure de la femme Guyomard ne contribuent pas peu à augmenter.

La femme GUYOMARD : Je n'ai pas tout dit.

M. LE PRÉS. : Continuez.

LE TÉMOIN : Le lendemain, Audren est venu à la porte et m'a demandé : Ma cousine, dormez-vous ? — Non ! je suis assise sur mon lit pour donner à boire à un enfant malade qui est avec moi. Il m'a dit : ouvre la porte. J'ai répondu : Non, chaque fois que vous viendrez la nuit, je vous défends d'entrer.

D. Quelle heure était-il ? — R. Minuit.

D. Après... (L'attention redouble.) — R. Il me dit : Tu ne peux pas concevoir quelles bontés j'ai pour toi. — Je lui répondis : Oui, vous voudriez marcher sur moi à chaque pas que vous faites. Il répond : ouvre ta porte, tu ne peux pas concevoir les fidélités que j'ai pour toi. — Il me dit : Ouvre sa porte, tu as du chagrin avec ce qui est commencé ; ce n'est rien; tout est passé... ouvres-tu la porte... nous allons prendre chacun un verre de cidre pour nous pardonner. — Je lui dis : Ce n'est pas avec vous ou avec moi qu'est le pardon ; c'est avec Dieu. (Mouvement.)

Jean Audren me demandait toujours à entrer. Ouvres-tu la porte ? répétait-il, je te dirai que dire. — Dis que tu étais sou, et tu diras vrai.

M. LE PRÉS. : Audren, pour quel motif alliez-vous ainsi, au milieu de la nuit et à diverses reprises, chez cette femme ? pourquoi insistiez-vous de la sorte ? — R. Je ne suis pas allé chez elle ni chez personne pendant la nuit, j'ai couché chez moi... les gars pourront le dire.

La femme GUYOMARD : Non ! c'est vrai, il n'est pas entré chez moi, il est resté à la porte.

UN JURÉ : A quelle distance Audren demeure-t-il de chez Mme Guyomard ? — R. Je ne sais pas au juste.

AUDREN : Il y a 1/4 de lieue.

M. LE PRÉS. ordonne qu'en vertu de son pouvoir discrétionnaire, il sera donné lecture tant des dépositions écrites de la femme Guyomard, que de la déposition orale telle que vient de la recueillir M. l'avocat-général, qui a écrit chaque déposition de cette femme.

M. L'AV.-GÉN. lit les dépositions. La dernière se terminait de la sorte : J'ai dit à Audren : Vous voulez me mettre dans la boue pour vous en retirer ; je demanderai une sécurité à la justice pour ma vie, car vous venez toujours pendant la nuit. Venez le jour, je m'expliquerai avec vous tant que vous voudrez.

M. BERRYER : Si j'ai bien compris MM. les interprètes, la femme Guyomard aurait dit qu'Audren a déclaré qu'il avait reçu 300 écus de la part du député.

L'interprète pose de nouveau la question.

La femme GUYOMARD : Oui, il m'a dit qu'il avait reçu 300 écus de la part du député, et que Mathias, qui était plus fin que lui, en avait reçu 400.

M. BERRYER : J'ai entendu que la femme Guyomard a dit que M. Ledof lui avait reproché d'avoir bu avec Carriou. A-t-elle eu, avant l'élection, une conversation avec Carriou relativement à ce sujet?

La femme GUYOMARD : Je n'ai parlé qu'une seule fois à Carriou. C'est moi qui lui ai dit la conversation que j'ai eue avec Audren.

D. Est-ce avant d'être conduite devant le juge?— R. Oui, c'est avant.

M. BERRYER : Pourquoi, le 10 septembre, quand elle a déposé devant le juge qu'Audren lui avait déclaré avoir reçu 300 écus et Mathias 400, a-t-elle ajouté qu'il ne lui avait pas fait connaître de qui il les avait reçus ? Pourquoi dit-elle aujourd'hui qu'il les avait reçus du député?

L'inteprète pose les questions, et la femme Guyomard dépose qu'elle a dit au juge ce qu'elle a dit à l'audience.

CARRIOU certifie encore une fois le propos que lui a rapporté la femme Guyomard.

On m'enverrait chez le diable pour déposer, que je dirais que j'en suis sûr. Je lui dis, prend garde, dans deux heures vous pouvez être chez le procureur dn roi.

M. LE PRÉSIDENT : Combien étiez-vous?

CARRIOU : Nous étions Jollivet, Portier, Jossin et moi. Je n'avais jamais vu cette femme avant et après les élections.

M. BERRYER : Pourquoi cette femme a-t-elle dit au juge d'instruction : J'ai parlé de cela à Carriou et je n'en ai pas parlé à d'autre?

La femme GUYOMARD : J'ai dit : C'est Carriou qui me l'a demandé, les autres étaient présents.

M. LE PRÉSIDENT aux interprètes : Dites-lui que sa déposition est fort grave, qu'elle dépose devant le Christ, et que nous la sommons une dernière fois de dire la vérité.

L'interprète traduit les paroles de M. le président.

La femme GUYOMARD répond d'une manière énergique.

M. LE PRÉSIDENT : Que dit-elle?

L'INTERPRÈTE : Elle dit qu'elle jure qu'Audren lui a bien dit qu'il avait reçu 300 fr. et Mathias 400 fr.

M. LE PRÉSIDENT : Demandez-lui si elle a de la haine pour ces deux hommes?

La femme GUYOMARD : Je n'ai aucune haine pour Audren, quant à Mathias, je ne lui ai jamais parlé.

M. BERRYER : Carriou est un des signataires de la protestation... Quand la femme Guyomard lui a-t-elle raconté cette conversation?

CARRIOU : C'est le 1er dimanche du mois d'avril qu'a eu lieu l'élection, c'est le lendemain que la femme Guyomard nous a dit cela. Il y avait Jollivet, Portier et deux autres; je me rendis chez M. Simon.

M. BERRYER : Veuillez demander à Carriou, s'il a lu la protestation avant de la signer, et pourquoi il n'y a pas fait mentionner le fait que lui avait révélé la femme Guyomard?

CARRIOU : Je n'y ai pas pensé dans le moment.

65e *témoin.* — La femme BLICHOU dépose sur le fait rapporté par la femme Guyomard. Sa déposition ne fournit aucun renseignement nouveau.

L'audition des témoins à charge est terminée. L'audience est suspendue pour quelques instants.

A la reprise de l'audience, M. l'avocat général revient sur l'incident relatif aux livres de M. Peyron, dont l'expertise a été confiée à M. Vinay, et demande qu'on nomme de nouveaux experts.

La cour nomme trois experts; ce sont MM. Boquet, Blouin et Rogeron, banquiers à Angers. Ils prêtent serment.

De longues explications s'engagent de nouveau sur ce

fait, après lesquelles les experts se retirent pour rédiger le rapport.

Le témoin Lenao est rappelé et revient sur sa déposition de la veille, relative aux offres de M. Bréart.

On commence l'audition des témoins à décharge.

LOUIS-JOSEPH-THÉDORE MARQUIS DE LANGLE-BEAUMANOIR, demeurant à Beaumanoir.

M. LE PRÉSIDENT : Dites tout ce que vous savez (marques générales d'attention).

M. DE L'ANGLE : Pour éclairer complètement la cour et MM. les jurés sur la grande affaire qui nous occupe, je crois qu'il est nécessaire de se reporter un peu plus loin dans l'histoire des élections de Quimperlé.

Je ne ferai d'ailleurs que de me conformer au désir qui a été exprimé par M. l'avocat général dans son exposé et par M. le président.

M. L'AVOCAT GÉNÉRAL : Comment le savez-vous ?

M. DE LANGLE : par un journal.

M. L'AVOCAT GÉNÉRAL : Les journaux n'ont aucune espèce d'autorité dans les débats.

M. DE LANGLE : je suis libre de lire les journaux... et je l'ai lu dans trois journaux. Ils ont rapporté les réponses que M. Rousseau a faites à cet égard... Puisque j'ai prononcé le nom de M. Rousseau, je présenterai ce que je sais sur la moralité de ce témoin, M. Rousseau a donné des certificats de moralité à plusieurs témoins. Il aurait été plus utile de demander à ces témoins des certificats sur la moralité de M. Rousseau (on rit).

M. LE PRÉS. : Il ne s'agit pas de M. Rousseau ; reprenez votre déposition.

M. DE LANGLE : J'ai été nommé sous-préfet de Quimperlé en 1838. Quelque temps après mon installation, beaucoup d'électeurs sont venus me trouver. Ils me dirent que j'appartenais à une famille riche, que je voulais sans doute le bonheur du pays, et qu'ils venaient me faire part d'un projet dont ils désiraient depuis longtemps la réalisation ; c'était la formation d'une banque agricole. Ils me demandèrent s'il me convenait de me mettre à la tête de cette entreprise ; je répondis que je ne m'étais jamais occupé de finances, que je ne pouvais diriger un tel établissement, mais que je ne demandais pas mieux que de faire des prêts d'argent ; je prêtai à plusieurs personnes des sommes sur simple billet ; il y a même dans cette enceinte un industriel fort honorable, du reste, auquel j'ai prêté aussi des sommes considérables ; elles se sont montées quelquefois jusqu'à 12,000 f. Je n'ai, du reste, qu'à me louer des personnes auxquelles j'ai fait ces prêts.

Quelque temps après la chambre fut dissoute. Il fallait procéder à de nouvelles élections. M. Guilhem vint à Quimperlé ; je lui fis part immédiatement de cette idée d'une banque agricole.

Il faut vous dire qu'à Quimperlé cette idée était, à tort ou à raison, enracinée depuis longtemps. M. Guilhem me répondit : Mon cher, je n'ai pas assez d'argent pour cela, j'aime mieux acheter quelques-uns de ces drôles-là (c'est le terme dont il s'est servi) que de faire la banque. (Mouvement.)

La lutte électorale s'engagea. Un certain jour, M. Guilhem, dans une conversation intime (car nous étions intimes alors) me dit : Mon cher, ces *canailles-là* (c'est ainsi qu'il appelait les électeurs (hilarité) n'ont pas de conviction politique, les intérêts privés sont tout pour eux. Pourvu qu'on satisfasse leurs intérêts matériels, on est sûr d'obtenir leurs suffrages. Il faut les leur payer ou par une place ou par de l'argent.

M. L'AV.-GÉN. : L'art. 331 du code d'instruction criminelle impose certaines restrictions aux témoins.

M. LE PRÉS. : J'engage le témoin à se renfermer dans les faits du procès.

M. L'AV.-GÉN. : La déposition du témoin prend le caractère de la diffamation.

M. BERRYER : Quand on entend les témoins à charge, on les écoute avec faveur et on les engage à tout dire. Il est arrivé à l'un de ces témoins de dire qu'un électeur avait sauté sur le lit de M. Drouillard ; on le lui a fait répéter encore ce matin. Comme nous savons que les témoins sont cités à la charge de dire toute la vérité, nous laissons la latitude la plus étendue aux dépositions. Voici maintenant les témoins à décharge. La cour a demandé aux témoins à charge, si dans les élections précédentes il y a eu des faits de corruption. Nous demandons aux témoins à décharge si dans les élections antérieures, il y a eu des faits de corruption, et l'on ne veut pas les laisser s'expliquer.

M. DE LANGLE : Je consens très volontiers à abandonner la question de l'élection de M. Guilhem, et de la corruption qu'il a exercée dans l'arrondissement de Quimperlé. Cependant, chacun sait à quoi s'en tenir à cet égard... Puis-je au moins parler de mon élection. ?

M. LE PRÉS. : Oui monsieur.

D. Dites-nous ce que vous savez sur les faits généraux, tâchez de ne pas y mêler de noms propres, M. de Langle.— R. Çà me serait bien difficile... J'y mettrai le plus de circonspection qu'il me sera possible.

On a dit que j'avais usé de la corruption électorale. Ce n'est pas vrai ; je n'ai qu'une réponse à faire au surplus ; c'est que si celui qui m'a précédé avait fait comme moi, il n'aurait pas échoué. Il savait très bien que c'était à moi qu'il devait sa nomination, que les électeurs ne lui avaient donné leurs voix que par suite de leur affection pour moi. Il m'en remercia *extrêmement vivement*, ça ne dura pas longtemps.

Après sa nomination, non content d'être député, M. Guilhem voulut être sous-préfet ; après l'avoir fait député, je ne pouvais pas le faire sous-préfet... (Hilarité.) Il voulait faire toutes les nominations et même celles des maires..... Cela indigna les habitants de tout l'arrondissement. Cela motiva un échange de lettres entre nous, fort polies de ma part, mais très hautaines de la part de M. Guilhem. Enfin il m'écrivit une lettre qui était à peu près conçue en ces termes :

« Nous ne pouvons nous entendre sur des questions d'administration ; de retour à Paris, je ferai part à M. le ministre de l'intérieur de mon désir de vous voir transférer dans une autre sous-préfecture. »

M. LE PRÉS. : Ah ! vous rentrez dans des personnalités dont nous vous avions averti de vous abstenir... Avez-vous des faits de corruption à imputer à M. Guilhem ? précisez-es.

M. de Langle : puisqu'on m'y force, eh bien! je vais tout dire. (Mouvement d'attention.)

M. Guilhem m'écrivit : Mon cher, je vous annonce que, dans une quinzaine de jours, vous recevrez une somme de 20,000 fr. pour assurer mon élection. (Longue agitation.)

M. le prés. : c'est inconcevable.

M. l'av.-gén. : Ce n'est pas le moment de faire des récriminations. Vous avez eu connaissance de la circulaire de M. le procureur du roi. Il fallait parler pendant l'instruction ; ici c'est un scandale inutile et inconvenant.

Au nom de la loi et aux termes de l'art. 321 du code criminel, nous requérons qu'il plaise à la cour d'avertir le témoin que sa déposition contient des faits diffamatoires et nous demandons qu'elle veuille nous en donner acte.

M. de Langle : Je voulais essayer de montrer de quelle manière la corruption a été introduite dans l'arrondissement de Quimperlé. Je voulais montrer pourquoi M. Guilhem est tombé, c'est parce que M. Guilhem avait indisposé les honnêtes gens, c'est pour avoir agi en despote, surtout vis à vis des électeurs.

M. le prés. : Continuez votre déposition. Connaissez-vous quelques faits de corruption qui aient eu lieu de la part de M. Drouillard.

M. de Langle : Aucun, monsieur le président. Je puis affirmer que M. Drouillard a toujours repoussé la corruption.

M. Drouillard a protesté, il a toujours repoussé tout ce qui ressemblait de loin ou de près à des tentatives de corruption.

M. le prés. : Connaissez-vous la moralité des autres prévenus ?

M. de Langle : J'ai été sous-préfet pendant huit ans, j'ai vu bien souvent M. Dagorn et M. Mathias, et je déclare que dans mon estime, dans celle de ma famille, il n'est personne qui soit plus haut placé.

Ce ne sont pas ces hommes-là qui ont fait de la corruption. Lors de mon élection, une lettre me fut adressée, dont je veux vous donner lecture.

M. le marquis de Langle lit la lettre suivante :

« M. le marquis de Langle,

» Je vous préviens que l'on entraîne les paysans dans les cabarets, et que là, on essaie de leur faire dire que M. de L... a usé de violence et de corruption pour avoir leur vote. On les enivrera, peut-être même on les paiera pour arracher de faux témoignages. »

Cette lettre n'a ni timbre ni cachet, et cependant, elle en a un bien fort, c'est la mort... (Montrant la lettre.) Personne ne méconnaîtra l'écriture, c'est celle du prédécesseur de M. le principal. Je lirai une autre lettre qui contraste avec celle-ci ; elle est de M. Dagorn. Elle vous montrera qu'elle est l'âme de cet homme, et s'il est susceptible de se laisser acheter... S'il n'y a pas d'achetés, où sont les acheteurs. (Mouvement.)

La cour interrompt la lecture de cette lettre.

M. LE PRÉSIDENT : Votre déposition aboutit à ceci: qu'il y a eu des actes de corruption dans les élections précédentes. Puisque vous les connaissiez, pourquoi ne les avez-vous pas dénoncés ?

M. DE LANGLE : J'étais sous-préfet... (on rit), et si je les avait dénoncé, j'aurais certainement été destitué.

M. LE PRÉS. : Pour rester sous-préfet, vous renonciez à dénoncer des actes de corruption.

M. DE LANGLE : Ces termes là sont bien sévères, M. le président.

M. BERRYER : Quant à cette interpellation qui est faite à M. de Langle, savoir : Pourquoi il n'a pas dénoncé ces actes de corruption, je lis dans les journaux une lettre dans laquelle M. de Langle les dénonce hautement. (M. Berryer montre le *Siècle*). Il écrit que ce qu'il dit est de notoriété.

Cette dénonciation publique, qui n'a pu être ignorée ni à Quimperlé, ni à Rennes, a fait connaître à la justice que M. de Langle savait des faits de corruption, et qu'il était prêt à les dévoiler. A-t-il été cité par le juge d'instruction? L'avez-vous entendu comme témoin ? (Sensation).

M. DE LANGLE : Je n'étais plus sous-préfet... J'eusse répondu. (Hilarité).

M. LE PRÉSIDENT : Vous n'avez pas fait une dénonciation formelle.

M. DE LANGLE : C'était assez positif ; je ne pouvais aller plus loin ; je voulais donner un avertissement à l'auteur de la protestation qui a été la cause de cette malheureuse affaire ; je voulais l'arrêter à temps. Quand bien même je serais encore sous-préfet, je dirais ce que j'ai dit... (Rires et mouvements divers), et je n'en dirais pas davantage.

M. BERRYER : Je lis ce qui suit dans la lettre dont on parle : « Ce que je vous dis là, Monsieur, est de notoriété publique dans le coin de terre qui vous occupe en ce moment, et personne n'oserait me démentir, car j'ai ma mémoire de sous-préfet, comme ma mémoire de député. »

M. L'AVOCAT-GÉNÉRAL : M. de Langle, vous dites dans la même lettre : « Vous concevez, Messieurs, que, fatigué et découragé, j'ai désiré ma retraite et légué à d'autres le champ tumultueux de luttes qui blessaient ma délicatesse et portaient atteinte à tous mes intérêts privés. »

M. DE LANGLE : Voulez-vous que j'explique cela, M. l'avocat-général.

M. L'AVOCAT-GÉNÉRAL : Oui, Monsieur, parlez.

M. DE LANGLE : Obligé que j'étais de faire donner des places, de solliciter des faveurs, cela blessait ma délicatesse. Quant à mes intérêts, je n'avais pas un seul moment pour m'occuper de mes affaires privées. Je n'obtenais qu'un mois. Pendant ce mois là, il fallait aller à Paris, voir si on ne tramait pas quelque chose contre moi... et on ourdissait beaucoup de trames contre moi.

M. LE PRÉSIDENT : Faites venir un autre témoin.

2e *témoin*. — M. DE MAUDUIT, propriétaire à Moëlan, près Quimperlé.

Ce témoin s'explique d'abord sur les faits généraux et affirme que jamais à sa connaissance il n'a été question de corruption dans le cours de l'élection de M. Drouillard : il ajoute qu'elle n'était nullement nécessaire, les légitimistes, au nombre de soixante, se réunissant aux constitutionnels pour nommer M. Drouillard.

M. LE PRÉSIDENT : N'avez-vous pas dit à M. de Kersain que s'il voulait être député, il lui faudrait acheter 30 voix ? — R. Je n'ai jamais tenu un pareil langage; j'ai dit et pu dire seulement à M. de Kersain qu'il lui manquait 25 voix pour être élu; c'est encore mon opinion : quand les légitimistes seront assurés de 25 voix dans le parti conservateur, ils nommeront qui ils voudront; mais je n'ai jamais parlé d'acheter des suffrages.

D. Ne vous êtes-vous pas décidé seulement pour M. Drouillard, la veille de l'élection, quand il a accepté la proposition par écrit que vous lui avez faite ? — R. Je n'ai jamais eu connaissance d'aucun mandat impératif.

D. N'êtes-vous pas en relation d'affaires avec M. Drouillard ?— R. Nullement.

D. N'y a-t-il pas eu réunion dans le parti légitimiste à propos des dernières élections ? — R. Oui, M. le président; les uns, et j'étais du nombre, se décidèrent longtemps à l'avance à voter pour M. Drouillard; d'autres, au contraire, persistèrent à porter M. de Kersain, sans espoir de succès jusqu'au dernier moment.

D. Qui vous a décidé à voter pour M. Drouillard ? — R. C'est le scandale que causait dans le pays la corruption administrative exercée par M. Guilhem, corruption plus dangereuse et plus immorale, à mon avis, que la corruption à prix d'argent. On ne se figure pas ce qui s'est passé dans l'arrondissement : quatre sous-préfets ont été nommés successivement par l'influence de M. Guilhem, et dans l'intérêt de sa candidature; toutes les semaines il y avait des banquets, auxquels assistaient tous les électeurs qui le voulaient; les nôtres même s'y rendaient; voyez combien ils étaient libres, et ils nous disaient : Laissez-nous faire de bons dîners, nous voterons tout de même comme il nous plaira.

3e *témoin*. — Jean JANIN, propriétaire à Quimperlé.

Ce témoin s'est décidé à voter pour M. Drouillard, parce qu'il lui a semblé dans une position plus indépendante que M. Guilhem.

Il habite la même commune que Dagorn, prévenu, et Carriou, témoin ; il atteste que le premier jouit de la plus honorable réputation dans toute la contrée. Quant au second, qui est maire de la commune, il est aussi fort estimable, mais depuis longtemps il n'est pas en bonne intelligence avec Dagorn. Jamais le témoin n'a eu de relations d'intérêt avec M. Drouillard.

4e *témoin.* — M. AGIE, 50 ans, notaire à Quimperlé.

Le témoin ne sait rien de particulier et de précis sur l'affaire ; il a seulement entendu dire que MM. Guilhem et Drouillard sont à deux doigts de jeu, et que dans le pays les faits de corruption sont attribués aussi bien à l'un qu'à l'autre.

5e *témoin.* — FÉREC.

Il résulte de cette déposition que M. Drouillard est resté étranger à toute espèce de corruption ; que M. Guilhem l'a exercé, au contraire, sur une haute échelle. Il explique ce mot d'un électeur, qui cria dans le parc attenant au Pavillon : Vive M. Guilhem ! Il a été prononcé par M. Yves Peyron, homme dont l'antipathie pour M. Guilhem est bien connue, et qui a toujours voté contre lui. Dans sa bouche c'était une expression ironique.

6e *témoin.* — M. CRUCY, 54 ans, capitaine au long cours.

Depuis longtemps ses sympathies sont acquises à M. de Kersain. L'établissement d'une caisse à Quimperlé, mesure entièrement utile au pays, et réclamée depuis plus de huit ans, a été un motif de reconnaissance pour celui qui en a été le fondateur. Quant à l'élection en elle-même, elle n'a été entachée d'aucun fait de corruption ; le témoin était au Pavillon; tout s'y est passé dans l'ordre ; il entrait et sortait comme bon lui semblait.

7e *témoin.* — M. Joseph de MAUDUIT, 49 ans, propriétaire à Quimperlé, dépose sur les mêmes faits et de la même manière.

L'huissier vient annoncer que MM. les experts sont prêts à faire leur rapport. Il en résulte qu'ils ne peuvent donner d'opinion positive sur les extraits de livres qui leur ont été présentés ; mais ils ne voient rien de précisément irrégulier dans le système présenté par la défense. Le débat se reproduit sur ces opérations de banque entre l'accusation, M. Berryer et même quelques jurés.

On entend ensuite brièvement les dépositions de M. Legoze, de M. Dubois, de Gueheneuc et de M. Hippolyte de Mauduit. Elles sont toutes relatives aux faits généraux et confirment celles des témoins à décharge précédemment entendus. M. Legoze s'explique cependant sur deux faits particuliers. Il a vu M. Limon le 14 août au bourg de Clohars, c'est à dire au moment où l'on s'occupait le plus de la protestation. Il se défend d'avoir jamais menacé la femme Guyomard, ainsi qu'il en a été accusé ; il est bien allé chez elle, mais jamais il ne lui a dit qu'elle pourirait dans les prisons, et serait dépossédée de sa maison.

8e *témoin.* — Pénobert, 34 ans, cultivateur.

Ce témoin a reçu, disent certaines personnes, deux montres pour voter dans le sens de M. Drouillard ; il s'en défend énergiquement, il les a achetées pour lui et pour son fils, de ses propres deniers. Il a emprunté, il est vrai, à 4 1/2 du cent une somme de 2,500 fr. chez Peyron, mais il l'a rendue.

Il était maire depuis 20 ans ; mais il a été destitué depuis les élections, parce que M. le sous-préfet lui avait ordonné de faire écrire son vote et qu'il s'y est refusé. Son intention de voter pour M. Drouillard a été manifeste, on l'en a fait repentir.

La femme Salo, 58 ans, aubergiste, tenant *l'hôtel des Voyageurs*, à Quimperlé : Les électeurs qui ont mangé chez elle n'ont pas fait de grandes dépenses ; elle n'a été payée ni par M. Drouillard, ni par Carré, ni par Jossin, mais par Peyron. La concurrence était terrible, ajoute-t-elle, M. Guilhem avait quatre hôtels pour son compte ; mais celui qui m'a fait le plus de tort a été l'hôtel de la sous-préfecture. (On rit.)

Elle n'a jamais dit aux gendarmes Meunier et Schneider que les électeurs sûrs étaient seuls hébergés chez elle et que les douteux étaient retenus au Pavillon.

M. Berryer déclare renoncer, pour abréger ces longs débats, au bénéfice des dépositions des autres témoins assignés à la requête des prévenus. M. l'avocat-général ayant consenti à cette mesure, la cour rend un arrêt par lequel elle ordonne la radiation sur la liste des témoins non encore appelés.

A cinq heures, l'audience est levée. Demain, doivent avoir lieu le réquisitoire de M. l'avocat-général et les plaidoiries.

SIXIÈME AUDIENCE. — *Lundi 15 Février.*

Tous les témoins ont été entendus dans l'audience d'hier, et les plaidoyers doivent commencer ce matin. Aussi la foule encombre-t-elle de bonne heure toutes les places réservées à l'auditoire. Les dames qu'avaient effrayées les dépositions assez fastidieuses des témoins, sont revenues en foule, et oublieuses du bal de cette nuit, dédaigneuses du bal de ce soir, semblaient sacrifier à l'intérêt de cette cause politique les plaisirs que le carnaval leur promettait encore.

Les accusés bretons sont toujours l'objet de l'attention générale. Mathias et Dagorn sont le centre de groupes animés, composés des personnes les plus considérables de la ville. Au milieu de cet empressement, si flatteur pour certains des accusés, on remarque l'isolement dans lequel sont relégués Leflecher père et fils.

L'audience est reprise à 11 heures.

Sur l'invitation de M. le président, le prévenu Michel Mathias se retire.

M. Mauduit, interrogé sur le fait de savoir si Mathias n'est pas allé chez lui quelques jours avant l'élection, confirme cette circonstance.

Mathias rentre.

M. LE PRÉSIDENT : M. Bréart, vous avez parlé d'une note relative au sermon prononcé par le curé de Quimperlé ; l'avez-vous ?

M. BRÉART : On devait vider cet incident avant-hier. J'ai remis le sermon tout entier entre les mains de la défense.

Le sermon a été tronqué à la chambre ; on avait dit que le curé ne s'était élevé que contre la corruption par l'argent ; il s'est prononcé aussi contre la corruption par tous les moyens possibles, places, faveurs...

M. le président ; M. Peyron, vous savez qu'il y avait sur votre livre des ratures et des grattages?

M. Peyron : Oui, et je les reconnais tous ; c'est ma femme qui tenait les livres.

D. Madame votre épouse a écrit, dans une lettre, que, par amour de la propreté, elle avait déchiré deux pages qui contenaient des surcharges et des grattages. — R. Oui. Ce fait n'avait pas été découvert par l'instruction ; c'est ma femme qui l'a déclaré spontanément.

M. Paillard de Villeneuve : La défense répondra pertinemment à chacune des prétendues altérations des livres.

M. le président donne lecture du procès-verbal qui a été dressé relativement aux surcharges et ratures des livres.

M. l'avocat-général a la parole et s'exprime en ces termes : (Un profond silence s'établit.)

Messieurs les jurés,

Le 26 août dernier, M. Drouillard, défendant devant la chambre la moralité et la légalité de son élection, disait :

« Lorsqu'à l'issue de la séance royale, j'eus appris qu'une protestation était dirigée contre moi, lorsque j'eus connaissance des faits qui y étaient contenus, ma première pensée fut de désirer une enquête sévère... Cette enquête je la voudrais, je la demande encore... Cette enquête, je la considère même comme le seul moyen d'arriver à la vérité... »

Le lendemain, il écrivait au *Siècle* qu'il regrettait que l'enquête parlementaire n'eût pas été ordonnée.

Il n'y a pas eu, il est vrai, d'enquête parlementaire; mais il y a eu une autre enquête ; je veux parler d'une enquête judiciaire, et, quel que soit mon respect pour les garanties que lui aurait offert le parlement, je ne crains pas de dire que la justice lui en a offert encore de plus grandes.

En effet, si la chambre avait ordonné une enquête, elle aurait eu lieu devant une commission; les témoins y seraient venus librement, ils auraient pu ne pas y venir, ils auraient été entendus à titre de renseignements. Dans cette enceinte, ils déposent sous la foi du serment. Devant le jury M. Drouillard a l'avantage d'être patroné par une voix puissante, qui compte pour les hommes de tous les partis, et qui se fera entendre avec plus de faveur encore pour des hommes qui sont sous le coup de la justice.

M. Drouillard a-t-il eu à se féliciter de cette enquête? Les faits lui ont-ils donné la satisfaction qu'il demandait? Déjà les magistrats avaient manifesté des impressions. Je ne parle pas de ceux de Quimperlé, je parle de ceux de Rennes.

L'instruction avait été longue, laborieuse; presque tous les témoins avaient été entendus... Cependant la cour de Rennes n'a pas hésité à dire qu'il existe contre Drouillard, Peyron, Jossin et Carré, des charges suffisantes, d'avoir acheté des suffrages dans les élections politiques de Quimperlé, et contre Dagorn, Mathias, Audren, Leflecher père et Leflecher fils, des charges suffisantes d'avoir vendu leurs suffrages dans les mêmes élections.

Sur une question de compétence la cour de cassation a renvoyé devant la chambre des mises en accusation de la cour royale d'Angers. Le même examen a eu lieu. Il a été consciencieux, étendu et scrupuleux.

Ce sont des magistrats éloignés des lieux où les passions s'agitent, des magistrats qui examinaient les faits sans connaître les hommes, qui n'ont pas hésité à penser qu'il existait des charges suffisantes et à renvoyer les prévenus devant la cour d'assises.

Deux mots seulement sur la situation politique de Quimperlé. Dans les premières années qui ont suivi la révolution de juillet, les luttes ont été essentiellement politiques. Plus tard, il faut le dire, les luttes politiques ont perdu en partie leur caractère passionné, pour revêtir le caractère de l'intérêt privé, et puis de transitions en transitions, l'intérêt local a dû faire place à la corruption.

Voilà je crois en quelques mots qu'elle a été la situation de cet arrondissement.

En 1846 la dissolution des chambres fut prononcée. Trois candidats se présentèrent à Quimperlé, M. Guilhem, ancien député, M. de Kersaint, représentant l'opinion légitimiste, et enfin M. Drouillard, qui, quoi qu'on en dise, était inconnu dans l'arrondissement.

Quelles étaient les chances de M. Drouillard ! il ne pouvait réussir qu'à la condition de satisfaire les intérêts en souffrance de l'arrondissement. L'agriculture était dévorée par l'usure ; que ce soit là le moyen d'action dont se soit emparé M. Drouillard, je ne le conteste pas ; nous nous demanderons seulement comment il en a fait usage.

Je lis dans un journal, *le Finistère*, une lettre dans laquelle on dit que M. Drouillard a voulu lutter contre les manœuvres dont se servait l'administration : «Ces faits seraient prouvés, qu'après l'arrêt de la cour de cassation, il serait manifeste que les accusateurs devraient être sur la sellette, car eux seuls sont corrupteurs, tandis que M. Drouillard n'a fait que prêter de l'argent, en établissant une banque dans l'arrondissement pour les besoins de l'agriculture et du commerce.» Au surplus, dit l'auteur de la lettre : «*Ce fut une condition sine qua non qui lui fut imposée quand il vint se présenter aux suffrages des électeurs.* »

Cette lettre constate que l'établissement d'une banque était la condition *sine qua non* de l'élection de M. Drouillard. Maintenant, a-t-on établi une banque ; ou bien, par un tour de fantasmagorie, a-t-on fait croire à l'existence de cette banque pour s'en faire un moyen de corruption ? Quelle était cette banque ? Quels en étaient les directeurs et les agents. Le directeur était Peyron, les agents, les courtiers, c'étaient Jossin et Carré. Ils parcouraient les campagnes, disaient-ils pour annoncer que M. Drouillard prêtait de l'argent à 4 0/0. Mais voyez ce qui se passe chez Taéron, chez Ledu. A Taéron, ils disaient : voulez-vous voter pour M. Drouillard, vous recevrez 1,200 francs. Voilà les opérations de banque auxquelles ils se livrent. Quelques jours après, ils vont auprès de Sébastien Ledu ; lui proposent-ils un emprunt ? Non. Ils lui disent : voulez-vous voter pour M. Drouillard, nous vous donnerons 1,200 fr. Puis ils apportent chez lui deux sacs d'argent ! Etranges prêteurs que ces deux hommes. Ledu les adjure d'emporter cet argent ; ils ne veulent pas et ils laissent l'argent dans une barrique de cendres en se séparant, avec ces paroles significatives : Réfléchissez, et si vous ne voulez pas gardez l'argent, vous le rapporterez. La probité de Ledu triomphe et l'argent est rapporté.

Arrivons à un autre fait qui concerne le directeur de la

banque. François Galic sollicite un prêt. L'argent lui est prêté à la condition qu'il voterait pour M. Drouillard, et sans intérêts. Est-ce encore là une opération de banque ? Peyron considérait si bien cet électeur comme lié envers M. Drouillard, que le jour de l'élection, quand François Galic a voté pour M. Guilhem, M. de la Ville-Marqué le poursuivit et lui dit : Dans quinze jours tu auras à faire à moi.

Quinze jours après, M. Ledoussal dit à François Galic qu'il avait reçu 3,000 fr. et voté pour M. Guilhem, et que si François Galic ne les restituait pas, il serait poursuivi comme escroc.

Ce propos n'est pas le seul; quelque temps après, Ledoussal dînant chez le maire de Rieu, répétait ces impudentes paroles. On a dit que si depuis un an les cabarets avaient été ouverts pour les électeurs, pour leurs femmes et pour leurs amis, c'est qu'en 1845 on avait pu croire à la dissolution des chambres. Mais après la clôture de la session, il devenait certain que la dissolution état prochaine et déjà on parcourait la campagne, c'est que M. Drouillard préparait sa candidature, qu'il le faisait par des moyens que la morale réprouve; il pervertissait les paysans leur faisait prendre des habitudes de dissipation et de débauche.

Eh bien ! voyons les livres. M. le conseiller-instructeur, interrogeant Peyron, lui disait : Comment voulez-vous que nous puissions croire à la sincérité de votre déclaration, quand, pour trouver la liste des électeurs de Quimperlé, nous n'avons qu'à faire le dépouillement des noms de votre registre ?

Nous avons voulu savoir nous-même ce que présentait la statistique de la comptabilité de Peyron, et, sur les 114 articles, nous en avons trouvé 45 relatifs à des prêts au-dessus de 300 fr.

Sur ces 45 prêts, savez-vous combien sont faits à des électeurs? Il y en a 39. Quand aux six autres, c'est Carré; nous croyons inutile d'insister sur celui-ci. Trois autres noms ont été surchargés; un autre c'est celui de Dagorn, un autre est celui de Leguern dont on a fait Leguen.

Ainsi 45 noms ; 39 d'électeurs et les noms que nous venons de désigner. Est-ce assez sur la moralité de Peyron, et cette maison n'était-elle pas une véritable jonglerie, un misérable moyen d'imposer à la bonne foi, de faire de l'urne électorale quelque chose que je ne veux pas qualifier.

Voilà pour les livres, je n'en dirai pas davantage ; mais si on m'y oblige, j'en préviens la défense, je continuerai.

Je poursuis l'examen des faits révélés contre les agents infimes de M. Drouillard. Au mois de mars, un homme honorable, Letalec, recevait et repoussait, par trois fois, obstinément des propositions d'argent émanées de Julien Hervé, de cet homme qui s'en allait par les campagnes pour gagner la prime de 20 fr. par tête d'électeur.

Hervé, homme taré, n'ayant pas eu de succès, on recourait à Leguern, à Singuin ; on offrait à Letalec 1,200 fr. à 2,500 fr.

Est-ce encore de la banque en faveur de l'agriculture et de l'industrie que faisait Hervé ? Puis vous voyez apparaître les proches, les intimes de M. Drouillard ; Evanno, Bréart et Brissoualle.

Voyons les dépositions de Delorme et de sa femme. A une époque où M. Drouillard avait quitté Paris, où il présidait le banquet de Querrien et ne pouvait répudier la responsabilité des faits de ces agents, Mathias offrait à Mme Delorme de l'argent pour le vote de son mari. Le dimanche suivant, Mathias revint à la charge et disait : Votez pour M. Drouillard, nous irons à la ville, nous irons chez M. Peyron, et vous recevrez de l'argent.

M. Bréart apparaît la première fois à cette occasion. C'est lui qui a fait offrir à Mme Delorme de lui faire faire le voyage de Paris, à la condition que son mari votât pour M. Drouillard, M. Bréart a nié ce propos, mais il vous a été certifié par Mme Delorme que la tenue, la convenance de son langage ont suffisamment recommandée à l'attention, à l'intérêt du jury.

Mais quel est donc M. Bréart dont le témoignagne peut être mis en balance avec celui de Mme Delorme, et qui s'indigne de voir sa déclaration balancée par les affirmations de Delorme et de sa femme ?

M. Bréart, qui est avocat, qui doit connaître les devoirs de sa profession, est venu ici et le premier mot qu'il ait dit à cette audience a été une tentative de déguisement de la vérité. Interrogé sur le fait de savoir s'il n'a pas pris ses repas avec M. Drouillard, il a fallu que nous le menacions d'appeler ici le maître de l'hôtel du Cheval-blaanc pour qu'il avouât ce fait inqualifiable.

Ce simple rapprochement ne suffit-il pas pour faire apprécier la moralité de ce témoin et pour invalider ses allégations.

M. Bréart qui écrit dans les journaux contre la corruption, qui offre de venir prendre en main, comme un preux chevalier, la cause de la morale publique, c'est le même homme qui offre à Lenao 2,000 francs pour son vote. Vous connaissez maintenant M. Bréart.

M. Bréart a donc offert à Mme Delorme un voyage de Paris, il lui a fait offrir de l'argenterie par Mlle Lecoupanec.

Mme Delorme refuse encore; on ne se tient pas pour battu.

M. l'avocat-général examine ici la moralité des témoins Evanno et Ledoussal, l'un notaire, l'autre avoué, et flétrit par d'énergiques paroles le rôle qu'ils ont joué dans cette affaire.

Il continue ainsi : Delorme n'a pas voulu de l'argent offert, Mme Delorme a refusé le voyage de Paris; on ne s'en est pas tenu là.

Le 28 juillet, le sieur Ledoussal rencontre M. Bosquet, il lui propose une expertise et lui dit qu'il a quitté le parti de M. Guilhem, parce que celui-ci a empêché une vente qu'il était chargé de régler. Puis il lui dit : Vous exercez une profession laborieuse, pourquoi n'auriez-vous pas une place dans les chemins de fer. Il y a tant d'imbéciles qui y gagnent 1,500 francs, que vous pourriez facilement en gagner 3,000 francs. Ce mot est-il indifférent de la part de Ledoussal, agent de M. Drouillard, qui lui-même est banquier de deux ou trois chemins de fer.

On sort; en chemin Ledoussal dit à Bosquet : Vous êtes lié avec la famille Delorme. Si vous empêchez Delorme de voter vous aurez 300 francs. Si vous le faites voter pour M. Drouillard vous en aurez 1,200 francs. Bosquet repousse cette proposition éhontée, et nous devons le féliciter de la fermeté, de l'honnêteté dont il a fait preuve en cette circonstance.

En fait, vous le voyez, le vote eut été chèrement payé : Une pendule, 600 francs; un voyage à Paris; 12 couverts d'argent; 1,200 francs à Bosquet.

En définitive, voilà un vote qui eut coûté 5 à 6,000 fr.,

il n'y avait pas à marchander, selon les expressions d'un témoin, que nous rappellerons plus tard.

Il y a d'autres faits beaucoup plus graves dans lesquels j'arrive maintenant et sur lesquels j'appelle votre bienveillante attention.

Ici, M. l'avocat-général rappelle le fait relatif à Clero, boucher, et à Goulven, marinier, lesquels sont allés chez le maire de Clohars et lui ont offert 1,500 francs s'il voulait voter pour M. Drouillard. L'accusation rappelle la scène qui a suivi cette proposition, l'indignation du maire qui menaça les corrupteurs de les mettre entre les mains du procureur du roi.

Le 24 juillet, Cléro avait fait dejà une semblable proposition au témoin Karrère, dont le témoignage si convenable, si modéré, honnête est encore présent à votre pensée.

Après quelques considérations relatives à ces premiers faits, considérations dans lesquelles l'organe de l'accusation flétrit avec une grande verve d'honnêteté et de nobles élans d'indignation les coupables manœuvres des agents de M. Drouillard et la *détestable ambition* de celui-ci.

L'audience est suspendue pendant quelques minutes.

Je vous ai dit ce qu'il fallait penser de la maison de banque agricole. Je vous ai exposé les manœuvres qui se sont succédés jusqu'au jour des élections. Maintenant, je devais arriver aux faits de la prévention et à ceux qui en sont comme le cadre nécessaire.

Vous avez entendu un grand nombre de témoins vous raconter, plus ou moins naïvement, toutes les scènes qui ont eu lieu. Quimperlé devait présenter un spectacle plus étrange et plus lamentable encore. On voyait des agents de tous étages, depuis le portefaix jusqu'au boucher, du boulanger au notaire, du marchand de bois à l'avoué, du marinier à l'avocat, courir de tous côtés, courant de droite à gauche, cherchant, pourchassant les électeurs, les conduisant de force aux élections. C'était, vous a dit un témoin, *comme un marché de bestiaux* ; on marchandait chaque tête d'électeur, on disait à l'un : tu auras 1,500 fr., 1,200 fr., 2,000 fr.

La veille du jour où M. Drouillard a reçu ce mandat, dont il devait se faire un titre d'honneur et de gloire, Ferré poussant un électeur, le faisant rentrer de force au Pavillon, lui disait : Tu as un fils qui va tirer au sort. Si tu veux, il ne partira pas.

Au Pavillon, que se passait-il dans ces jours de sinistre mémoire ; c'était le sujet des conversations de toute la ville. On voyait des électeurs ivres-morts, couchés de çà et de là. C'était une continuelle orgie. On ne pouvait entrer au Pavillon, ni en sortir librement. On a entendu des cris ; on a vu des électeurs qui voulaient escalader les murs et qu'on retenait de force.

David a vu un électeur couché sur l'herbe et disant à M. Drouillard : Je veux 600 francs de plus ou je ne voterai pas pour vous, et M. Drouillard ne le chassait pas. Cet électeur, c'est Yves Peyron, dont Ledoussal a dit : Ce cochon de Peyron qui veut coucher avec M. Drouillard. C'est déplorable à dire ; je ne suis pas ici pour user d'artifice de langage ; je remplis un ministère pénible et rigoureux... mais enfin on a pu dire cela d'un électeur que M. Drouillard hébergeait. Jusqu'à quel degré d'abjection l'orgie était-elle descendue.

Ces électeurs qu'on avait promenés à Lorient, à la Roche-Bernard, à Sainte-Anne-d'Auray, dont on avait exploité indignement les convictions religieuses, le jour de l'élection à cinq heures du matin. Comment les fait-on marcher pour aller à la messe. Un témoin vous l'a dit : Comme des écoliers qu'on mène au collége, comme des prisonniers qu'on entraîne sous la garde de surveillants. Il y a une église paroissiale à Quimperlé. Eh bien! on les mène dans une autre église, c'est en leur disant que la messe est destinée aux électeurs de M. Drouillard.

A la porte de l'église, Carré dit à Yves Peyron, dont il avait marchandé en vain le suffrage : Si tu te dédis, tu n'es pas un homme d'honneur. Le domestique de M. Drouillard intervint et dit que son maître ferait honneur à la promesse comme à une lettre de change. Dans la matinée, les électeurs arrivent en voiture, gardés à vue jusque dans l'enceinte électorale, et on fait écrire leur bulletin pour qu'ils ne puissent échapper à leur engagement immoral.

On vous a dit dans quel état se trouvait le plus grand nombre de ces électeurs ; ils étaient ivres-morts. Si dans les contrats de la vie civile, il y a là un motif de nullité. Pourra-t-on excuser des hommes qui dans les élections font intervenir de pareils marchés. Faisons entendre contre des faits si honteux, au nom de la justice, une solennelle protestation pour l'avenir.

M. l'avocat-général arrive au propos rapporté par le témoin Lepoix, qui aurait dit que la dernière nuit avait coûté 7,000 fr. à M. Drouillard, et que c'est à ce prix que M. Drouillard a été nommé.

M. Belloc continue ainsi :

L'accusation entre ici dans l'examen de la situation électorale de l'arrondissement de Quimperlé ; nous ne le suivrons pas dans le développement de ces considérations.

Dans la longue instruction qui a eu lieu à cette audience, nous avons interrogé les témoins sur les faits de corruption qui auraient pu être reprochés aux adversaires de M. Drouillard.

M. Duportal vous a dit qu'un électeur lui avait tenu ce langage : On attaque avec de l'argent, nous nous défendrons avec de l'argent. Mon frère et moi avons ouvert notre bourse à Achille (M. Guilhem) il n'en a pas voulu.

Deux autres faits ont été produits : Il a été dit que M. Guilhem avait fait décharger de sa patente une société formée entre Peyron et Allard. Il a été articulé que M. Guilhem aurait promis à Lenao de le faire dispenser de réparations à sa charge. Voilà tout ce qui s'est produit.

D'abord, peut-on comparer l'homme qui a obtenu et fait accorder des faveurs secrètes à celui qui jette l'argent, qui de sa fortune se fait un instrument de corruption, dont il se sert pour démoraliser un arrondissement tout entier.

Cependant, un témoin a été entendu, c'est M. de Langle. Ce témoin entrait évidemment dans un système d'imputations diffamatoires. Nous avons laissé déposer sans réclamation les témoins impartiaux, sans animosité ; mais quand il est de notoriété qu'un homme est l'ennemi d'un autre, on peut prévoir les paroles empreintes de passion et d'amertume. Voilà pourquoi nous avons arrêté M. de Langle.

A Quimperlé, il s'est trouvé un homme calme et courageux auquel je rends hommage, c'est le procureur du roi. Il est resté étranger à tous les partis. Informé des faits de corruption, il a fait appel à tous. Il a envoyé sa circulaire. Pourquoi M. de Bréart, M. de Langle se sont-ils tus ; s'ils avaient parlé, l'instruction aurait eu lieu sur leur témoignage.

Quant à M. le procureur du roi de Quimperlé, sa vie tou

entière répond pour lui. Des voix bien opposées se sont accordées à lui rendre hommage.

Quand aux autres membres du tribunal ils sont à l'abri de toute atteinte. Les attaquer dans cette enceinte, serait une offense à la magistrature qui serait immédiatement réprimée. Comme électeur, tant qu'on n'aura pas prouvé qu'ils ont manqué à leur serment et à l'honneur, on ne pourra les atteindre, quelle que soit la puissance de langage qu'on pourra déployer dans cette enceinte.

Il nous reste à apprécier les faits en ce qui concerne chacun des prévenus.

Dagorn a voté pour M. Drouillard. Il était au Pavillon; il est allé à la messe; il a bu du Champagne; il ne le nie pas aujourd'hui et je ne crains pas d'affirmer que les fumées du Champagne sont causes de son indiscrétion.

Dagorn! c'est un homme considérable dans son pays, qui a rendu de grands services à l'agriculture et qui en porte une marque honorable. Si Dagorn a commis une faute.... Nous ne voulons pas qu'elle pèse sur toute sa vie, mais nous demandons qu'il en porte la responsabilité.

Il vous a fait entendre des paroles qui ne manquaient pas d'élévation. Quand il a parlé des votes qu'il a déposés dans l'urne depuis 15 ans, il disait vrai.

Il y a eu dans l'auditoire de l'émotion que nous avons nous-même partagée. Il y a eu, je le dirai, un instant d'hésitation dans notre esprit, nous nous sommes vus sur le point d'abandonner l'accusation à son égard, mais Dagorn a eu un mot malheureux: C'est au moment où il finissait un discours, qui a eu, je l'ai dit, son éloquence. Il a dit: j'ai honte d'être électeur, parce que j'ai vu des électeurs qu'on jetait ivres-morts dans des voitures; il parlait des électeurs de M. Guilhem,

Mais, Dagorn niant que parmi les électeurs de M. Drouillard il se fût trouvé des gens ivres, lui qu'on avait vu animé par le vin. Dagorn avait dit un mensonge. Il est retombé au rang des prévenus et nous devons examiner les charges qui pèsent sur lui.

L'accusation rappelle ici le propos tenu à Loyer et rappelé à l'audience par sa femme, et détaille les inculpations qui sont résultées des débats sur le compte de Dagorn.

Passant ensuite à Audren, M. l'avocat-général insiste sur

la déposition pittoresque de la femme Guyomard, qui relate les aveux à elle faits par Audren.

Michel Mathias, ajoute M. l'avocat-général vous est déjà connu ; ce peut-être une nature vive et spirituelle, mais il est fâcheux qu'il n'en tienne pas compte. Il a dit dans l'instruction : Ma famille est attachée à celle de M, de Kersain, j'aurais voté pour M. de Kersain, je m'en honore. Est-ce au nom de M. de Kersain qu'il allait faire auprès des époux Delorme des tentatives de corruption ! Que devient l'arme avec laquelle il cherche à se défendre, le bouclier dont il veut se couvrir, n'est-il pas déjà tombé à ses pieds.

M. l'avocat-général soutient l'accusation contre Michel Mathias, et avant d'aborder les faits relatifs aux Leflecher, il demande encore quelques minutes de suspension.

Il reprend bientôt et reproduit les déclarations écrites et les déclarations orales de Leflecher père et fils ainsi que les témoignages qui sont relatifs à ces deux prévenus.

Il se rappelle le banquet de Querrien et ce mot de *fal* appliqué par M. Drouillard à Leflecher. Il montre cette scène honteuse de violence et d'orgie dans laquelle Leflecher fut renversé, il insiste vivement sur tous les détails de la signature extorquée à Leflecher, il flétrit sévèrement la conduite et la parole de M. le curé de Querrien qui donnait à ses paroissiens le conseil de recevoir des deux mains et de voter pour qui ils voudraient, de M. le curé de Querrien qui a de si singulières théories sur la vérité vraie et la vérité légale.

Il termine ainsi : Tous, vous saurez séparer l'homme de la religion, et sous les habits du ministre de l'évangile, voir le misérable qui a trahi les lois de l'honneur et les devoirs de son ministère.

Cette partie du réquisitoire de M. l'avocat-général excite dans l'auditoire une vive sensation à laquelle succède bientôt un unanime sentiment d'approbation.

M. Belloc rappelle ici que tous les ministres de la religion n'ont pas imité l'exemple de M. le curé de Querrien et il cite avec éloge le sermon prononcé en chaire par le respectable curé de Quimperlé et dans lequel cet ecclésiastique flétrissait la corruption avec toute l'énergie d'un bon citoyen, avec toute l'autorité d'un ministre de l'évangile.

M. l'avocat-général termine en ces termes :

Il ne m'appartient pas, messieurs, de préjuger sur le solennel verdict que vous allez porter ; les plus chers intérêts du pays vous sont confiés et nous avons foi dans vos lumières et dans votre impartialité. Mais ce que je dois dire c'est que les pouvoirs publics n'ont point failli à la mission qui leur était imposée. Nous tous, magistrats amovibles et magistrats inamovibles des deux cours de justice nous avons pensé que la corruption était flagrante et nous n'avons pas hésité à déférer les prévenus à votre justice. Quant à nous, direz-vous que nous nous sommes trompés, nous ne le pensons pas ; si cela était, cependant, nous nous inclinerions devant votre justice, mais nous aurions le droit de proclamer que le gouvernement ne s'est point fait le complice de la corruption et c'est sur le banc des prévenus que ce reproche devrait tomber. (Agitation.)

M. Berryer prend la parole en ces termes :

Messieurs, les intérêts les plus chers de la patrie vous sont confiés, vient de dire en terminant M. l'avocat général. Je me demande quels sont les intérêts qui sont remis en vos mains? Sont-ce ceux de la politique ou seulement ceux de la justice? Quels devoirs vous sont imposés? Sont ceux de la vengeance en dehors des prévisions de la loi pénale? Sont-ce les vengeances de la politique? Non, messieurs.

Après le débat, après le réquisitoire de M. l'avocat général, je me demande encore quels sont les éléments judiciaires de votre verdict ; car vous n'avez pas d'autre base à prendre et vous commettriez une forfaiture, si vous puisiez votre conviction dans d'autres considérations.

Quant à moi, je vois bien une lutte! une lutte qui s'est engagée et qui a été poursuivie, il est vrai, avec passion, avec animosité, avec haine... mais je cherche encore en l'absence des termes de la loi ce que vous avez à juger. Est-il vrai que les élections de Quimperlé aient été obtenues par des manœuvres criminelles? En ce sens (le seul que vous avez à apprécier) que ce sont-là des manœuvres caractérisées par la loi pénale et punies par elle.

Ici, je ne puis me défendre d'une préoccupation, d'un sentiment bien naturel. Y a-t-il eu dans les élections précédentes des faits de corruption électorale? Je ne veux pas entrer dans la lutte qui s'est dévoilée à votre audience. Je ne veux que rappeler les faits dans les termes les plus nets, les plus simples.

Y a-t-il eu des manœuvres dans les autres élections? Sur le tableau comparatif des élections, je trouve ce qui suit : En 1842, il y eût au collége électoral de Quimperlé 135 votants. M. de Langle obtint 74 suffrages; son concurrent, M. Guilhem 61. Dieu me garde de chercher ici et dans le cours des observations que je vais vous soumettre, à porter aucune espèce d'atteinte à la personne de M. Guilhem, de venir examiner les éléments de sa candidature. Je respecte trop pour cela un homme absent du débat, qui n'est pas là pour se défendre. Ce sont des faits que je vous apporte. M. Guilhem était candidat en 1842. Ce que nous savons, c'est que l'animation était très grande, c'est que M. Guilhem avait des partisans tres ardents et des adversaires qui ne montraient pas moins d'ardeur.

En 1846, le nombre des votants, au lieu d'être de 135, a été de 168. M. Drouillard a obtenu 82 voix. M. Guilhem 75.

Comment se sont formées les 82 voix de M. Drouillard ?

Vous le saurez; M. de Langle engagé vivement dans la lutte, avait fait tous ses efforts pour reporter sur M. Drouillard les voix qu'il avait obtenues en 1842.

M. de Kersain, le troisième candidat avait un nombre considerable d'adhérents. Il y avait eu division parmi eux ; les uns voulaient depuis longtemps voter pour M. Drouillard ; les autres s'y sont décidés le jour de l'élection.

M. Berryer demande ici ce que l'accusation a appelé le mandat impératif imposé à M. Drouillard et démontre que la lettre de ce candidat n'était autre chose qu'une déclaration de principes que la plupart des hommes politiques pouvaient accepter et cette manifestation devait satisfaire les électeurs légitimistes qui en effet ont donné leurs voix à M. Drouillard, ce qui lui a permis de réunir 82 voix.

Faisons le compte de son concurrent, il est facile à faire. Il avait eu en 1842,61 voix, la liste s'était accru de 14 électeurs de Brest qui s'étaient fait inscrire dans l'arrondissement de Quimperlé. Cela fait 75 voix pour M. Guilhem et celui-ci a donc eu toutes les voix qu'il avait eues en 1845 plus les 14 voix de Brest. En présence de ce résultat, quand les chiffres sont si positifs, si clairs, si éloquents, peut-on venir parler de manœuvres électorales, de corruption, de vente et d'achats de suffrages !

Un mot seulement sur la manière dont ces 14 électeurs de Brest ont été inscrits.

Je suis bien pénétré des droits et de la liberté de la défense. Toutes les fois qu'ils seront attaqués directement ou indirectement, on me verra prêt à les défendre, moins encore pour ma profession que dans l'intérêt de mes concitoyens, mais je ne profiterai pas de l'impunité de la défense.

Je ne veux infliger à personne le supplice cruel et immérité qu'on a réservé pour certains témoins : des témoins qu'on ne craignait pas de signaler à la honte et au mépris, qu'on ne craignait pas de traiter comme s'ils étaient déjà frappés par des décisions judiciaires. Non. (Mouvement.)

Ne craignez donc pas que je jette au tribunal, aux membres du tribunal de Quimperlé les reproches de s'être prêté imprudemment, aveuglément, avec passion, avec colère dans l'arène des partis ; du tribunal, des magistrats, j'ai un mot à en dire, mais je n'en parlerai que pièces en main.

Des procurations ont été données en 1845. La première à M. Achille Guilhem ; (M. Berryer donne lecture de cette procuration.)

Plusieurs autres procurations ont été données à M. le président du tribunal, à M. Barbier ; il s'est fait ce que nous, dans les règles de notre profession, nous ne nous permettons jamais de nous faire ; ce que nous considérons comme contraire à la dignité et à l'honneur de notre robe ; il s'est fait fondé de procurations. Nous assistons les partis dans leurs luttes ; nous devons rester indépendants et libres. Aussi les avocats ont décidé dans la première règle de leurs statuts qu'ils ne pourraient dans aucun cas accepter de procurations ; je m'étonne qu'un magistrat, un de ceux dont le devoir est l'impartialité ; un de ceux qui disposent de la justice se soit montré moins scrupuleux !

Ces procurations ont pour effet d'acquérir une propriété appartenant à M. Guilhem, cette procuration est signée le 26 mai 1845, et le président fait les acquisitions le 30 mai 1847.

Hier encore nous recevions une lettre d'un de nos confrères du barreau de Rennes ; cette lettre nous annonçait que les acquisitions faites en vertu de ces procurations sont par arrêt de la cour considérées comme suspectes de fraude et de dissimulation, et en conséquence la preuve des témoins est ordonnée.

Voilà, messieurs, les faits consignés dans des actes notariés. Voilà donc, comment les quatorze électeurs de Brest ont été introduits dans le collége de Quimperlé; c'est ainsi que M. Guilhem a eu, outre les voix qu'il avait eues en 1842, 14 voix nouvelles.

Malgré les électeurs, malgré les fraudes électorales, je suis convaincu que l'élection n'a pas été livrée à un trafic infâme, à une corruption honteuse ; je repousse cette injurieuse supposition. J'éprouve en le faisant une satisfaction toute nationale. Dans l'arrondissement de Quimperlé, un parti s'était formé, parti qui avait réussi en nommant M. Duquiller; parti qui avait réussi en nommant M. Delangle et qui n'avait succombé que par suite du despotisme de M. Guilhem. Alors se présenta M. Drouillard.

M. Drouillard, vous a-t-on dit, est complètement inconnu dans l'arrondissement ; il y est étranger. Je réponds : M. Drouillard est d'une famille originaire de Quimperlé. Son grand oncle, si je ne me trompe, était recteur, il avait deux tantes qui ont fait des fondations pieuses, dont le souvenir s'attache à leur mémoire. Ce même M. Drouillard a acquis en 1816, les mines de Poullaouen, établissement qui occupe de nombreux ouvriers. En 1823, M. Drouillard a acquis, dans l'arrondissement de Morlaix, une propriété qui rapporte 30,000 fr. de rentes.

Quand un homme est né à Quimperlé, que sa famille est originaire de cette ville, qu'il a fondé dans le voisinage un établissement industriel important, qu'il y possède une propriété considérable, peut-on dire que cet homme est inconnu et étranger au département.

M. Berryer examine la position qu'occupe M. Drouillard, membre du conseil des manufactures, propriétaire des mines d'Alais, et capitaliste considérable.

M. Drouillard se rendit à Quimperlé ; il accueillit les ouvertures qui lui étaient faites par quelques-uns des électeurs les plus influents du parti opposé à M. Guilhem. Il s'enquit des besoins, des intérêts de l'arrondissement ; il eut la pensée de satisfaire ces besoins, de pourvoir à ses intérêts ; il chercha à se rendre ainsi favorable l'arrondissement ; assurément il y a là quelque chose de fâcheux ; je vois avec peine que les intérêts de localité se substituaient aux intérêts du pays ; les intérêts privés aux intérêts généraux. On s'éloigne trop par ces faits mesquins des préoccupations que réclame l'amour de la patrie, de sa prospérité, ce qui fait que cette grande nation de France n'a plus cette énergie qui la mettait à la tête des nations de l'Europe, ce qui fait qu'on pourrait faire croire à tous qu'elle n'est plus capable d'un noble effort, que lorsqu'elle est dirigée par quelque grand génie, comme Louis XIV ou Napoléon.

Que les électeurs sont plus préoccupés des intérêts de la localité que des intérêts généraux, tout le premier, je le déplore, j'en gémis ; mais enfin tel est l'état des choses, ce n'est pas M. Drouillard qui l'a créé.

M. Drouillard s'est rendu à Rome pour l'établissement d'une banque de prêt et d'escompte, dont le Saint-Père avait émis le vœu ; le résultat des opérations a été tel que l'intérêt de l'argent est tombé de 14 à 15 pour 100 à 6 ou 7 pour 100.

Il arrive en Bretagne, et il voit qu'un mouvement de capitaux y vivifierait l'agriculture, le commerce et l'industrie dévorés par l'usure, succombant à l'absence de capitaux. Comme on incrime tout, on s'écrie que c'est inconcevable, que c'est prodigieux que M. Drouillard ait envoyé dans l'arrondissement de Quimperlé 140 ou 150 mille francs pour les faire distribuer ; le fait est que M. Drouillard faisait prêter son argent à 4 pour 100 d'intérêts.

M. Drouillard m'avait remis toutes sortes de pièces pour prouver que ce sont d'excellents placements pour des capitaux ; j'ai entre les mains une lettre d'un grand établissement, d'une maison très considérable, qui demande à M. Drouillard 500,000 fr. dont elle lui bonifiera l'intérêt.

L'objection tombe, et il reste acquis que M. Drouillard a fondé à Quimperlé une banque qu'il a confiée aux soins intelligents de M. Peyron.

M. Peyron sera défendu et bien défendu. On vous fera connaître ses relations avec M. Drouillard. On vous expliquera parfaitement les opérations qui existaient entre eux. Suspendez donc votre jugement jusqu'à ce que cette partie de la défense, confiée à mon honorable confrère et ami, M. Paillard de Villeneuve, vous soit présentée.

Mais placez-vous dans la situation des esprits à Quimperlé à la nouvelle de la résolution de M. Drouillard. On apprend qu'il y a des capitaux considérables qui seront prêtés à un taux modique d'intérêt. Figurez-vous les rancunes qui éclatent, les clameurs que font entendre M. Guilhem et ses partisans, et ne comprenez-vous pas qu'on ait pu dire, parmi les adversaires de M. Drouillard, qu'il n'était pas un prêteur, mais bien un homme qui vient corrompre son pays!

Les rancunes grandissent,éclatent,se répandent sans frein, avec haine, avec réciprocité ; à l'un on a dit : Vous disposez des places, des bourses, des faveurs, des graces administratives ; à l'autre : Vous êtes riche et vous voulez employer votre fortune dans les élections. Le combat est engagé ; au milieu de ces passions, de ces colère, le saint pasteur monte en chaire et il flétrit la corruption, non seulement celle qui part de tel ou tel candidat, celle qui achète les consciences avec de l'argent, mais encore celle qui trafique des places, des faveurs et de l'or du budget. Le vénérable curé de Quimperlé, se pose au - dessus de tous les partis, il flétrit tous les actes de corruption, il réprouve l'offre des places, les promesses de faveur au même titre que la corruption à prix d'argent.

Du reste, cette réciprocité de récriminations, d'accusations est attestée en quelque sorte officiellement par une lettre adressée aux électeurs de Quimperlé par M. Brunel, président du tribunal de Brest, et dont tous les journaux se sont occupés.

Voilà ces discordes cruelles qui divisent les hommes du même territoire, ceux qui devraient vivre comme des frères et qui se traitent comme des ennemis acharnés. Quand je respecte les personnes, quand je ne veux pas descendre dans la lutte, répondre à l'appel des partis, je le fais peut-être moins encore par ménagement pour des absents, ou pour des magistrats, que par amour pour mes concitoyens, pour la paix publique. (Sensation.) Dieu me garde donc de rien dire, par exemple, de tel magistrat, qui n'a été nulle part et qu'on a vu partout. (Sourires.)

Je laisse en repos tous les témoins, car ils n'ont pas le droit de se lever devant moi... et de se défendre ; encore une fois, je préfère, s'il se peut, l'oubli du passé.

Après la nomination de M. Drouillard, une protestation a surgi ; elle a été rédigée par le dépit et par la mauvais humeur de ceux qui avaient été vaincus... Cependant je dois rappeler qu'il y a eu cinq ou six conférences auxquelles des personnes graves ont pris part. Je ne suis pas étonné de la manière dont les faits ont été recueillis et présentés.

Je vous ai dit, dans le cours des débats qu'il y avait quelque chose qui devait fixer votre attention. C'est que, quand on a fait la protestation, sous le coup de la lutte, des circonstances récentes de l'élection', on a groupé tous les faits qu'on a pu trouver ou imaginer. Ces faits sont signalés à l'animadversion du parlement; il y en a onze sur la protestation.

Aujourd'hui, de ces onze faits, il n'en est pas un seul que vous ayez à juger, pas un qui ait été retenu par l'arrêt de la cour.

On a mis d'abord tout ce qu'on savait, tout ce qu'il y avait de plus grave en apparence. Eh bien! tout cela s'est évanoui. Et cependant ces faits qu'on ne pouvait pas livrer à votre jugement, on les livre à votre esprit, on vous les livre comme faits généraux, comme fait de moralité; on embarrasse votre intelligence, on cherche à tout confondre dans votre esprit; les faits extérieurs avec les faits même de la prévention, faits très simples, très nets qu'il vous sera facile d'apprécier.

Et à titres de faits généraux, on entend 60 témoins, et au nom de votre devoir qui est d'écarter tout ce qui est étranger au débat, vous êtes conviés à former votre opinion sur des faits dont vous n'êtes pas les juges. Quoiqu'il en soit de ces faits généraux, je ne veux pas les examiner en détail. Une observation sur la marche de ces faits : — Une personne a dit une chose, cette chose a été répétée à quatre ou cinq autres personnes; voilà que ce fait, qui reposait sur un seul fondement, acquiert des forces incessantes, marche, grandit, et devient un fait se fondant sur le témoignage de cinq ou six personnes; il n'y a pourtant qu'un témoin unique! C'est une observation générale que vous n'oublierez pas; sur les 80, ou 89 témoins à charge, il faudrait donc en écarter les 3/4, les 4/5e. Je prends, par exemple, l'affaire de François Cadi. Plusieurs témoins vous ont rapporté que Ledoussal a dit qu'on l'aurait poursuivi comme escroc, s'il ne rendait l'argent qu'il avait reçu. Eh bien! un d'eux affirme avoir entendu directement le propos. Mais comment l'a-t-il entendu? Il est bien évident que lorsqu'on a emprunté de l'argent et qu'on ne le rend pas, on est poursuivi; mais, est-ce comme escroc?

François Cadi a-t-il reçu de l'argent pour voter pour M. Drouillard? Voilà la question telle qu'elle doit être posée. Or, de tous ces bruits, peut-on inférer rien de semblable?

Ainsi parlait la protestation du 14 août. Le 21 août, Delorme donne cette attestation dans laquelle il déclare que M.

de Bréart, M. Ledoussal, M. Evanno ne lui ont pas fait des offres d'argent. Alors apparaît un homme dont il n'avait pas été question. Ce n'est plus M. Bréart, ce n'est plus M. Evanno, ce n'est plus M. Ledoussal, à l'égard desquels il y a désaveu; c'est Mathias Michel, qu'on rend responsable du fait qui avait été imputé à MM. Bréart, Ledoussal et Evanno.

Et quand je vois qu'on met en cause Mathias Michel, parce qu'on a été convaincu de mensonge relativement aux trois autres, il est bien naturel que je me défie !

Maintenant, faut-il vous parler de la corruption qui a eu lieu, du voyage de Paris !

Mme Delorme n'a pas dit qu'elle désirait aller à Paris. A-t-elle au contraire exprimé ce désir ? M. Bréart l'a-t-il, au contraire, engagée à faire ce voyage ? Mme Delorme est-elle allée au-devant de cette proposition ? M. Bréart lui a-t-il dit qu'il lui ferait voir les curiosités de Paris ? Ce sont là des choses insignifiantes dans l'affaire. Lui a-t-il parlé des élections et de la voix de son mari ? Voilà la véritable question. — Eh bien ! le mot d'élection n'a pas été prononcé ; il n'a été nullement question de M. Drouillard.

En sortant de chez Mme Delorme, MM. Bréart, Ledoussal, Evanno se rendent chez la demoiselle Lecoupanec. On a parlé du vote de Delorme, la conversation s'est engagée à ce sujet. La fille Lecoupanec connaît Mme Delorme, elle la sait vaniteuse; elle se rappelle qu'à un dîner offert à M. Guilhem, Mme Delorme a eu le regret d'emprunter de l'argenterie pour faire honneur à ses hôtes. On change de propos, on parle en plaisantant du voyage de Paris et la fille Lecoupanec dit que le moyen de la décider à ce voyage est peut-être de lui offrir de l'argenterie. Vous avez entendu Mlle Lecoupanec, elle ne vous a pas déclaré qu'il fût question des élections et le nom de M. Drouillard n'a même pas été prononcé. Que deviennent ces bruits si graves ? On a causé à côté de cette jeune et jolie personne de je ne sais quel voyage; elle peut avoir exprimé le désir de voir la capitale. On a ri avec la cousine..... Mais vous ne pouvez pas en induire qu'on ait tenté de corrompre M. Delorme et Mme Delorme. (Sourires.)

Le 14 août, on écrivait que Portier, le maire de Clohars, avait été l'objet d'une proposition d'argent de la part de Clero et de Goulven. On ajoutait que l'offre avait été faite en présence du capitaine Thoër, un honnête homme, un brave marin, un vieux patron, très expérimenté, qui brave la tempête comme il brave le mensonge, et le 29 août, le capitaine Thoër démentait la protestation.

Eh bien! messieurs, qu'est-ce qui est arrivé dans l'affaire Delorme?

Un démenti bien formel est donné par le capitaine Thoër. On dit alors que le capitaine n'a pas assisté au commencement de la conversation, qu'il n'est arrivé qu'au moment où Portier disait: Je vais livrer ces deux hommes à la justice! Il est vrai que Thoër a dit que c'était une plaisanterie! Mais on prétend que c'était sérieux. La vérité est une a dit un témoin. (Et je désire qu'elle le soit toujours pour lui comme pour les autres.) (Mouvement.) La vérité n'était pas quand on signait la protestation; ni quand Portier disait que des propositions d'argent lui avaient été faites en face du capitaine Thoër. La vérité, c'est que quand le capitaine Thoër est survenu, il faisait une plaisanterie! La vérité, c'est qu'il n'était pas alors question d'achat de votes!

Voilà, messieurs, les faits généraux qui sont si graves, si importants! Est-il besoin de rappeler la chaleur des inimitiés, l'ardeur des rivalités, l'animosité de la lutte, quand on a suivi les affirmations, les dénonciations, les accumulations de bruits, de propos qui volent de toutes parts; les expressions qui boursoufflent le langage, qui enlèvent au souvenir son exactitude, sa fidélité? Ne comprend-on pas ces généralités du procès? A côté de cela, examinez les faits et vous verrez qu'ils se sont écroulés, qu'ils se sont évanouïs.

Parmi ces faits généraux, parlerai-je d'une multitude d'autres assertions qui se sont produites à cette audience.

Lenao, qui avait parlé d'une offre de 2,000 francs pour sa chapelle et qui dans l'instruction n'avait pas parlé de cette chapelle, et qui est venu balbutier ici que l'administration avait promis de faire au radier de son moulin des réparations que lui-même devait payer.

M. Allard qui a dit que deux montres avaient été données à Penobert et celui-ci nous a déclaré les avoir payées. M. Allard, qui parle très haut, qui parle sans cesse, M. Allard, qui a voulu être beaucoup de chose, voulait surtout être électeur, mais un arrêt de la cour royale l'a rayé de la liste électorale. (Rires prolongés.)

Un autre témoin a dit: J'ai vu deux hommes, ils parlaient de marchés de grains.... cela voulait dire marchés électoraux. (Nouveaux rires.)

M. Baugendre, un homme âgé, circonspect, honorable, raconte qu'un électeur, un de ses clients, avait besoin de 3 à 4,000 fr., que M. Peyron a consenti à les lui prêter sur la caution de lui Baugendre. Voilà les faits généraux.

Il y a un sieur Letalec qui est encore un témoin... très grave. Des propositions lui ont été faites par Julien Hervé. Le témoignage de Julien Hervé est sans doute d'une grande importance ; eh bien ! Julien Hervé n'a même pas été entendu pour confirmer le langage de Letalec ; nous ne l'avons pas vu ; nous ne savons pas quel il est.

Je le déclare, des hommes de bonne foi, des hommes éclairés doivent se dégager de toute cette fantasmagorie de témoignages accumulés, au fond desquels il ne reste rien. Qu'on nous cite un seul fait.

M. L'AV.-GÉN. : Et les deux Leflecher.

M. BERRYER : J'entends parler des deux Leflecher.... puisqu'on veut que j'en parle, j'en parlerai. (Mouvement.)

Des offres d'argent auraient été faites aux Leflecher ; 3,000 francs auraient été remis à cette famille. Cela est-il vrai ? Y a-t-il là des faits de corruption. C'est leur secret. (Sensation.) Mais de cette corruption, je cherche partout la preuve. Ils ont voté pour M. Guilhem... Ils n'ont donc pas vendu leur vote. (Mouvement.) Pourquoi sont-ils ici, pourquoi sur ces bancs ? Est-ce pour faire des accusateurs à ceux qui n'ont qu'à se défendre. (Agitation.) Pourquoi donc sont-ils là ? Je ne vous parlerais d'eux pas plus que des autres témoins s'ils n'étaient un embarras, une objection, un danger pour nous.

Leur aveu, leur vote sont la protestation de leur innocence. Mais, dit-on, il y a là un grand fait de moralité ? Un grand fait de moralité qui a livré M. le desservant de Querrien aux colères de M. l'avocat-général ; qui a permis au ministère public de traiter ce prêtre comme si la censure ecclésiastique l'avait frappé, comme s'il avait été réprouvé par ses ouailles, rejeté du sein des fidèles par son supérieur. Au moment où son évêque, qui a charge d'ames, vient de l'envoyer dans une paroisse ; au moment où ce prélat vient de lui donner à administrer un troupeau, à diriger des consciences, au moment où il opposait sa voix à une seule voix, à celle de Leflecher, vous l'accablez ; vous le représentez comme un prêtre indigne, comme un misérable. (Mouvement.) Il ne peut s'expliquer, il n'est pas en cause; il ne peut protester, on ne le lui permettrait pas... Il ne peut même pas nous demander de le défendre, on supposerait qu'en le défendant nous nous défendons nous-mêmes. Il n'est jugé par personne et vous lui arrachez l'habit du sacerdoce et vous lui dites : vous n'êtes qu'un prêtre indigne, un misérable. (Sensation prolongée.)

Vous venez nous parler de Leflecher ? C'est une sorte de trahison au banc de la défense que la présence d'un homme qui n'est là que pour dresser des accusations.

Ici M. Berryer reconnaît que M. Drouillard s'est trompé à la chambre des députés quand il a dit que Leflecher avait été condamné pour escroquerie, et déclare que les deux seules condamnations que cet homme ait subies étaient relatives : la première à un délit de diffamation, et la seconde à une prévention de coups et blessures.

Puis passant à la discussion des faits mêmes de cet incident de la cause, il montre les hésitations, les contradictions du système Leflecher ; il rappelle les scènes du presbytère et de la mairie de Querrien, le désespoir de Leflecher, le fait de la signature de la rétractation, et conclut ainsi sur ce point.

Entre Leflecher père et M. le recteur de Querrien, malgré la vivacité des paroles du ministère public, qui oserait décider ? Est-il vrai que Leflecher ait signé cette lettre d'après le conseil de son curé, de son confesseur ? Qui le dira? Où en est la preuve ?

M. Berryer conteste l'importance de la lettre écrite par Leflecher, qu'il relit en son entier et que nous avons publiée dans l'audience d'hier ; il désigne les contradictions qu'elle renferme ; il se demande quel intérêt elle présente et comment elle peut faire annuler l'élection de M. Guilhem.

C'est ce que je ne puis comprendre, continue le défenseur. Il y a là un mystère que je ne m'explique pas. Leflecher devait de l'argent. Ce billet, qui le lui a dicté ? Est-ce un ami de M. Drouillard... au contraire ! Est-ce l'habile Leflecher qui a pu se dire que ce pouvait être un moyen d'obtenir la remise de sa dette.

Je n'affirme rien, mais vous avez d'un côté la déclaration

unique de Leflecher. De l'autre, vous avez la déclaration de M. Drouillard, de M. Peyron, de Jossin, de Carré. Pesez l'importance de la lettre, voyez de quel intérêt elle est dans cette affaire!!!

J'abuse du temps que vous m'accordez, mais j'en ai fini avec cette partie du débat. Tous ces faits généraux, vous les devez écarter ; ce n'est pas l'élection que vous avez à juger. La chambre s'est réservée de prononcer sur ce point. Ce que vous avez à juger, vous! c'est si on nous présente un fait caractérisé érigé en délit par la loi pénale et puni comme tel. On vous a dit que de simples promesses, même non réalisées, constituaient un délit. Non ! Il faut qu'il y ait un marché fait, consommé ; il faut qu'il y ait eu contrat, achat et vente de suffrages.

Voilà pourquoi on n'a pas mis dans la prévention tous ces hommes que vous avez entendus. Il faut qu'on trouve la voix engagée, achetée, livrée.

Que dit en effet l'article 113 ; il est ainsi conçu :

« Tout citoyen qui aura, dans les élections, acheté ou vendu un suffrage à un prix quelconque, sera puni d'interdiction des droits de citoyen et de toute fonction ou emploi public pendant cinq ans au moins et dix ans au plus.

» Seront en outre, le vendeur et l'acheteur du suffrage, condamnés chacun à une amende double de la valeur des choses reçues ou promises. »

Pour faire ressortir l'esprit de cet article, permettez-moi de remettre sous vos yeux les dispositions de l'article 179 qui traite des tentatives de corruption sur les fonctionnaires :

« Quiconque aura contraint ou tenté de contraindre par voies de fait ou menaces, corrompu ou tenté de corrompre par promesses, offres, dons ou présents, un fonctionnaire, agent, ou préposé de la qualité exprimée en l'article 177, pour obtenir, soit une opinion favorable, soit des procès-verbaux, états, certificats ou estimations contraires à la vérité, soit des places, emplois, adjudications, entreprises ou autres bénéfices quelconques, soit enfin tout autre acte du ministère du fonctionnaire, agent ou préposé, sera puni des mêmes peines que le fonctionnaire, agent ou préposé corrompu. »

Ainsi, voilà deux délits d'un ordre bien différent. Pour un

fonctionnaire, la simple tentative est punissable ; quand il s'agit d'un particulier, il faut pour qu'il y ait délit, pour qu'il y ait corruption, que le fait soit consommé ; il faut en un mot dans l'espèce que la honteuse marchandise ait été vendue et livrée.

Un mot à cet égard. Pardonnez-moi, mes confrères, de défendre vos clients.

Qui accuse-t-on?

M. Drouillard, dit la prévention a acheté les suffrages de Dagorn, d'Audren, de Michel Mathias. Qui a acheté? Y a-t-il un témoin, un seul qui puisse dire que ce soit M. Drouillard, M. Peyron, Jossin, Carré? Quel jour, à quelle heure? ou dans quelles circonstances les voix ont-elles été achetées?

A l'égard de Dagorn, d'Audren et de Michel Mathias ont-ils vendu?... A qui? Je défie qu'on indique les acheteurs. S'il n'y a pas d'achetés, peut-il y avoir des acheteurs?... Vous arrivez à cette conclusion que les quatre premiers prévenus ont fait, si vous le voulez, des offres à tous ceux qui les ont ou ne les ont pas accusés; vous arrivez à cette conclusion que les prévenus électeurs ont vendu leur voix... à qui?... Personne ne peut le dire. L'avez-vous révélé, l'avez-vous fait connaître, l'avez-vous même supposé. Y a-t-il un mot dans l'instruction d'où il résulte que Dagorn, Mathias, Audren aient vendu leurs voix à une personne que vous indiquiez. Ainsi c'est pour une moitié de délit que vous incriminez, que vous traduisez devant vous les prévenus, que vous demandez leur condamnation : ces quatre-ci pour avoir acheté on ne sait pas à qui, ces cinq-là pour avoir vendu... on ne dit pas à qui.

Je sens que je n'ai rien à faire maintenant et que la prévention s'est évanouie ou qu'elle tombe dans l'absurde. (Mouvement.)

Je n'ai plus qu'un mot à dire. Dagorn vendre sa voix! Il vous l'a dit; il vous a fait connaître ses votes depuis 15 ans; il a voté constamment contre M. Guilhem ; il a voté pour Duquillier, pour M. de Carné, pour M. Drouillard. Vous le connaissez, Dagorn! L'homme qui a parlé devant vous est une de ces natures qu'il suffit d'entrevoir pour leur être sympathique, qui a la noble indépendance d'une ame droite et toute la puissance de la simplicité des mœurs. Est-ce un homme qui se vende? Et qui vous l'a dit? Un aubergiste, Loyer!

Non, Dagorn, qui parle hautement dans son pays, qui dit: Je vote pour M. de Châteaubriand, pour M. de Carné, pour M. Berryer, n'a pas besoin d'être acheté ; il est à l'abri de tout soupçon.

M. Berryer examine de même les charges qui pèsent sur chacun des accusés Audren et Mathias et conclut de même qu'il ne peut y avoir d'achetés puisqu'on ne fournit pas la preuve du contrat, puisqu'on ne montre pas les acheteurs.

Le défenseur termine ainsi :

Voici la cause ; vous connaissez la loi ; elle est précise ; vos devoirs vous sont tracés par le serment que vous avez prêté ; vous êtes des juges, vous n'êtes pas des hommes politiques. Vous allez rentrer dans la salle de vos délibérations pour répondre aux questions qui vous seront posées et non pour vous mêler aux passions qui ont été jetées dans ce débat, avec acharnement, avec rage. Tout cela, vous devez le mettre de côté ; vous devez ouvrir le code, vous interroger religieusement et vous demander si vous avez devant vous deux hommes dont l'un ait acheté le suffrage électoral de l'autre.

Si ces hommes sont devant vous, si comme homme de cœur et d'intelligence chacun de vous peut se dire : Je suis intérieurement convaincu qu'il y a eu vente et achat de suffrages, dans les conditions du code pénal, alors répondez affirmativement; mais que ce soit là l'étroite limite de votre verdict.

On parle de la corruption électorale, de la dégradation de nos institutions; c'est là une chose funeste contre laquelle on ne saurait trop protester. Mais ce que je sais, c'est qu'il y a quelque chose de plus affligeant et de plus désastreux encore devant Dieu et devant les hommes, ce serait l'altération de la justice. Je ne vois pas en vous des électeurs, des hommes politiques, si vous étiez de tel ou tel parti, si vous appliquiez la justice en esprits passionnés , vous briseriez en France la plus grande des libertés ; vous feriez du jury, de la garantie la plus précieuse, de cette justice du pays par le pays, de la plus chère de nos institutions une chose déplorable! Vous métamorphoseriez les jurés en des hommes qui ne voudraient plus obéir aux sentiments de justice, à la voix de leur conscience, vous amèneriez en France la perversion de la justice. De tous les malheurs ce serait le plus grand, et vous ne l'attirerez pas sur nous.

Je ne vous connais pas, je ne sais pas qui vous êtes,... mais je sais que vous êtes mes concitoyens, que vous êtes des hommes libres, des juges consciencieux et éclairés. J'ai la confiance que vous ne faillirez pas à votre mission.

(Une vive agitation, des applaudissements à demi comprimés par le respect de la justice, accueillent cette plaidoirie.)

L'audience est levée à six heures, et la foule se retire lentement en commentant les éloquentes paroles qu'elle vient d'entendre. La suite des plaidoiries est renvoyée à demain 10 heures pour entendre M. Paillard de Villeneuve, avocat du barreau de Paris et défenseur de M. Peyron.

Septième Audience. — *Mardi 16 Février.*

L'audience est ouverte à 10 heures 1/2,

M. Paillard de Villeneuve s'exprime ainsi :

Messieurs,

Pourquoi me lever, et qu'ai-je à dire après cette admirable défense, dont l'écho retentit encore dans tous les esprits, dans tous les cœurs. Je me demande où est l'accusation qui se présentait si menaçante, si aggressive, qui pendant huit mois a grandi comme la calomnie, s'est nourrie d'elle-même. Deux heures ont suffi pour la détruire ; c'est qu'en effet la conduite de M. Drouillard et la conduite de M. Peyron sont co-relatives ; ce que M. Drouillard a voulu, M. Peyron l'a voulu ; la pensée de M. Drouillard, M. Peyron l'a encouragée, l'a exécutée, l'a appliquée avec zèle, avec dévoûment et il y a entre eux une solidarité qu'il accepte et qui l'honore.

Cependant, la défense a des nécessités, certains faits devront être discutés dans l'intérêt de M. Peyron. Je vous demande la permission d'arrêter encore un moment votre attention.

M. l'avocat-général vous a dit hier, en vous rappelant l'arrêt de renvoi et en vous disant, à tort, que c'était un premier jugement dont vous deviez tenir compte, il vous a dit que la cour d'Angers avait à apprécier les faits sans connaître les personnes! Il faut qu'en vous prononçant sur les faits, vous connaissiez les personnes, vous qui êtes leurs juges, les juges que la cour de cassation leur a donnés et qu'ils acceptent, mais qui cependant n'êtes pas leurs juges naturels.

Vous devez savoir ce que c'est que M. Peyron.

Ai-je besoin de vous rappeler le premier mot du débat, sous l'impression duquel M. Peyron s'est placé tout d'abord.

Il émane de M. Tahier, dont l'accusation a invoqué si souvent le témoignage, qu'on peut bien l'invoquer une fois pour la défense, M. Tahier a dit :

« Je connais M. Peyron sous les rapports les plus honorables.» Voilà ce qu'a dit celui qui s'est fait en quelque sorte l'auxiliaire de l'accusation.

M. Peyron, à 20 ans, a perdu son père, ancien capitaine, un vieux soldat qui, après avoir quitté le service, avait essayé du négoce, mais qui avait été moins heureux dans le commerce que sur le champ de bataille, M. Peyron père laissait une succession obérée, des affaires embarrasées, des dettes. Peyron fils a accepté l'héritage, et il se fit le père, lui, à 20 ans, de ses frères et de ses sœurs ; il dévoua à cette sainte et noble tâche tout ce qu'il avait d'activité, d'intelligence, de cœur. Il les établit, il les plaça, il les dota, et quand cette famille n'eut plus besoin de ses efforts, alors il songea à lui.... La Providence lui devait la prospérité, il l'obtint, mais par les voies les plus honnêtes, les plus légitimes ; ses affaires lui donnèrent l'aisance en 1834 ; il se maria et eut quatre enfants.

C'est un homme loyal, un homme au cœur droit, un homme qui sait qu'un bien mal acquis brûle la main, et ce serait un corrupteur! (Sensation.)

Ainsi, toutes les fonctions, tous les honneurs électifs qui peuvent venir chercher un homme modeste et utile, mais considérable dans son pays, lui ont été déférés ; il a été membre du conseil municipal, administrateur du bureau de bienfaisance, membre du comité de l'instruction primaire! Comme vous le voyez, tout cela gratuitement par le suffrage de ses concitoyens, ou par la confiance de l'autorité. Voilà l'homme qu'on veut faire dégrader de ses droits civiques et politiques qu'il a si bien remplis. Oh! si cette menace se réalisait, si ceux qui s'acharnent après M. Peyron, obtenaient ce résultat de leur vengeance; ils auraient bien compris la calomnie! Ils auraient visé au cœur. Tous ces titres que M. Peyron a si bien acquis, dont il a été jugé si digne, déchirez-les! voilà ce qu'ils demandent. (Mouvement.)

M. Peyron devait avoir une certaine influence dans son pays; aussi en 1837, lorsque M. Guilhem se présenta en concurrence avec MM. de Carné et Duquillé, il s'adressa à M. Peyron. M. Peyron ne refusa pas son appui. M. Guilhem eut 32 voix, il ne fut pas nommé. En 1839, de nouvelles élections ont lieu, et M. Guilhem fut nommé. J'ai entre les mains des lettres. Je ne les lirai pas... qui prouvent qu'il doit sa nomination à l'influence loyale, à l'amitié généreuse, désintéressée de M. Peyron.

Bientôt ne tarda pas à éclater ce grave conflit qui vous a été signalé. M. Delangle était sous-préfet, M. Guilhem député; si des dissentiments vinrent les diviser, qui avait tort, qui avait raison? Je ne veux pas le rechercher, les citoyens de Quimperlé en souffraient profondément, les intérêts de leur pays en recevaient une funeste atteinte; M. Peyron et ses amis pensèrent que les torts étaient du côté de M. Guilhem, et en 1846 une protestation, signée par quarante amis de M. Guilhem, lui fut adressée pour le prévenir que peut-être il se méprenait sur son mandat, que les luttes qu'il entretenait avec tant d'ardeur étaient funestes au pays, et au nombre de ces quarante signataires, se trouvaient plusieurs témoins à charge du procès actuel; la cause du conflit, qui existe entre M. de Langle et Guilhem, est bien remarquable au point de vue de ce procès.

La cause principale était de savoir si un maire serait ou non destitué, le sous-préfet le voulait, le député ne le voulait pas. Ce maire, dont le nom était le premier brandon de discorde, était M. Carriou.

M. Guilhem persista. M. de Langle accepta la candidature contre lui et fut nommé. En 1846, M. Delangle renonça à la députation, et les hommes influents du pays songèrent à lui trouver un successeur.

Ils obéissaient à deux pensées ; la première, la nécessité d'avoir un député ; la seconde, le désir de ne plus nommer M. Guilhem, de le repousser à tout prix.

M. Peyron, interrogé par M. Drouillard, lui fit connaître l'état des esprits, les forces numériques de l'élection, les chiffres de voix, ce calcul si éloquent qui vous a été présenté hier. Il lui dit qu'il y avait des chances, mais, en même temps, dans l'esprit de M. Drouillard et Peyron, s'agitaient des préoccupations légitimes, des préoccupations administratives et financières.

M. Paillard de Villeneuve rappelle ici la situation financière de l'arrondissement, le projet formé d'établir une banque à Quimperlé, la résolution prise par M. Drouillard de faire cesser la rareté des capitaux et d'ouvrir aux agriculteurs sa caisse.

Je m'expliquerai tout à l'heure au sujet des livres. J'en finis avec toutes ces préventions de la cause ! Dans ces dépositions où tant de bruits ont circulé, ou tant de propos ont été colportés, tous ces propos que vous connaissez, qui ont été traduits de bas-breton en français, de français en bas-breton, dans cet idiôme particulier qui appartient aux interprètes; rien n'a été dit, rien n'a été risqué contre Peyron.

Si M. Peyron est le centre de cette caisse qui doit rayonner sur les consciences ; pensez vous qu'il soit possible qu'il n'y ait pas un mot, pas un geste de lui qui le condamne. S'il y avait eu quelque chose de vrai dans toute cette fantasmagorie, on aurait eu le secret de ses gestes, de ses paroles, de ses confidences, rien, rien, pas un mot.

Quand je dis pas un mot, je me trompe, on avait compris la nécessité d'impliquer à Peyron les réclamations dirigées contre M. Drouillard et ses amis.

Aussi, le onzième fait de la protestation est relatif aux fonds envoyés par M. Drouillard à Quimperlé.

Ce fait, nous en avons obtenu justice à la chambre même. Il a été reconnu par les commissaires qui ont examiné les pouvoirs de M. Drouillard; il a été reconnu que M. Drouillard n'avait pas envoyé 150,000 fr., que les sommes qui sont parvenues à M. Peyron, sont bien loin d'un tel chiffre, et que l'emploi de toutes ces sommes avait été parfaitement justifié.

Il y a encore un fait particulier qu'on avait voulu mettre à la charge de M. Peyron. C'est celui de François Cadic, qui a emprunté 1,000 fr. (dans l'accusation c'était 3,000 fr.) qui les a rendus et auquel M. de Lavillemarqué a dit : Tu auras à faire à nous. Cadic a emprunté 1,000 fr., on ne lui a fait aucune condition relativement à son vote, il a voté pour M. Guilhem, et parce que M. de Lavillemarqué lui a dit : Tu auras à faire à nous, Peyron serait un corrupteur! Voilà comme on procède dans l'accusation.

Il n'y a pas autre chose; retenez bien qu'en ce qui touche les faits et les actes de M. Peyron, il n'y a pas un seul témoin; en ce a qui touche ses paroles, il n'y en a pas une qu'on puisse lui imputer; il n'y a que les livres.

Un mot de chronologie à cet égard. Le 19 août, M. Peyron est interrogé. Il offre ses livres, on les apporte le 19 septembre chez le juge d'instruction: le juge ouvre ses livres, y voit des taches, des ratures, des surcharges; il demande l'explication de ces surcharges. Peyron envoie un exprès à sa femme, qui était à quinze lieues de lui, à sa femme qui avait tenu les livres. Sa femme lui écrit une lettre qu'il place sous les yeux du juge d'instruction ; une lettre qu'il m'importe de vous faire connaître : elle explique la cause de ces ratures, dont le juge d'instruction faisait bien peu de cas d'ailleurs.

Mme Peyron à son mari.

« Concarneau, le 19 septembre 1846.

» Je m'empresse, mon bon ami, de te donner les explications que tu me demandes sur les ratures, gratures qui existaient sur mon journal; tu vas peut-être bien me gronder, mais, que veux-tu, le mal est fait. Je n'ai jamais pensé que mes livres auraient pu aller en justice, sans cela j'y aurais apporté beaucoup plus d'attention; et je n'ai jamais pensé non plus que l'on pût tracasser quelqu'un pour des opérations qui le regardent particulièrement et dont il ne doit compte qu'à lui-même.

» 1° Tu me demandes pourquoi j'ai ajouté, après les noms de ceux qui ont emprunté de l'argent de M. Drouillard, *sur leurs billets*, tandis qu'aux autres j'avais porté ces mots en écrivant l'article.

» C'est apparemment que je me suis aperçue que j'avais

porté ces mots à quelques-uns et rien aux autres, et que j'ai régularisé cela de mon mieux, et parce que tous ceux qui sont portés *sur leurs billets* ont fourni leurs billets.

» 2° Tu me dis surtout que cette omission a de la gravité en ce qui concerne Jossin et Carré, car ces mots, portés après coup, donnaient à penser que c'est de l'argent que M. Drouillard leur a donné au lieu de leur en prêter. Il n'est pas moins certain qu'ils ont donné une obligation de chacune des sommes que je leur ai comptées. Tu pourras demander les billets à M. Drouillard pour prouver que c'est bien de l'argent prêté; il me semble que j'ai porté à Jossin et à Carré les sommes qui leur ont été données pour leurs dépenses.

» 3° Tu me parles encore de gratures que j'ai faites pour substituer le mot *à divers* à d'autre chose qui y était, cela c'est vrai. C'était, tu sais, les notes des dépenses fournies par les agents loueurs de voitures.

» J'avais d'abord mis caisse à un tel et compagnie, mais j'ai vu que cela n'était pas bien, j'ai cru mieux faire en mettant *à divers*. Voilà l'explication toute simple.

Une chose que tu auras peut-être remarqué, c'est que le grand livre ne porte pas les ratures qui sont sur le journal. Je vais te dire ce que j'ai fait; ces ratures et les barbouillages existaient également sur le grand livre, mais c'était si maussade et si malpropre que j'ai enlevé deux feuilles du grand livre que j'ai recopiées au nèt, tu sais que je mets beaucoup d'amour-propre à avoir mes livres propres et nets et que cela me fait mal d'y voir une seule tache d'encre, aussi, je gratte tant que je peux.

» D'après ce que tu me marques, tu n'as pas donné d'explications sur ce que j'ai fait; dis au tribunal que s'il y a quelque chose de mal, c'est moi seule qu'il faut accuser, car tu ne cesses de me recommander une grande attention, une grande exactitude. Tu sais combien je suis mauvais teneur de livres, combien j'ai peu de temps pour ces écritures et que j'ai toujours mes enfants sur le dos ou me criant aux oreilles; avec cela les embarras de la maison et de répondre à tout le monde dans ton absence. Si je ne me trompais que pour celles de M. Drouillard, ce serait un reproche fondé, mais je me trompe malheureusement aussi pour les autres, tu m'en fais souvent des reproches, tu sais enfin qu'il n'y a que celui qui ne fait rien qui ne se trompe pas.

» Je pense que l'on ne te soupçonne pas au moins d'avoir donné de l'argent aux électeurs pour leurs voix.

» Tu ne devrais pas répondre si l'on te demande de pareilles choses; si tu avais jamais cette coupable faiblesse, tu sais que je t'aime bien, mais j'aime encore mieux ton devoir et je t'aurais laissé faire tout ce que tu aurais voulu à cet égard et j'aurais eu à gémir toute ma vie de te voir t'avilir ainsi, mais heureusement, mon bien bon ami, nous n'avons rien à nous reprocher, et si la calomnie de tes ennemis a prévalu un instant et prévenu les juges contre toi, le jour de la justice arrivera. Ne crains rien, j'irais te défendre au besoin, on est fort quand on n'a rien à se reprocher. Te voilà accusé pour avoir servi M. Drouillard que tu ne connaissais pas, tu as voulu rendre service à ton pays en épousant sa cause et en plaçant des capitaux, tous ces placements de fonds, tous ces comptes avec M. Drouillard nous ont donné un mal de chien, et cela sans le moindre avantage; bien plus, si tu comptais bien, j'ai la certitude que tu en es pour deux centaines de francs de ta part et avec cela te voilà poursuivi et persécuté. Pauvre ami chéri, je te plains, dis bien au moins que tu n'es pour rien dans les écritures raturées, etc., etc. C'est à moi qu'il faut s'en prendre, s'il y a du mal, c'est moi qui ai tout fait, s'il y a une punition, c'est moi qui dois la subir.

» Je me présenterai, s'il le faut, devant les juges, et je leur dirai : Voilà la coupable; s'il y a faute, punissez-la. Quand je pense à tous les tracas que tu dois avoir, j'ai un malaise que je ne puis rendre; mais toi, mon pauvre ami, ne perds pas courage; le jour de la justification arrivera, et ce sera bientôt, je l'espère.

» Camille et Pauline toussent toujours beaucoup ; mon Paul a eu bien de la fièvre ; aussi, malgré mon désir d'être près de toi ; il me contrarierait de quitter maintenant mes chers petits malades, auxquels on recommande l'air de la campagne.

» Nous partirons d'ici pour Mearne, dimanche ; quand tu pourras, viens nous y rejoindre, mon bien bon ami.

» Tu demandes le brouillard du mois d'août ; tu sais que nous ne tenons guère à ces pièces, qui une fois les articles passés ne nous sont d'aucune utilité, celui du mois d'août a été livré aux enfants qui me demandent toujours des papiers pour couper; je ne puis donc te l'envoyer.

» A bientôt, ami, je compte un peu demain sur ta visite.

» Ta meilleure amie.

» Demande à maman si on a reçu de chez Couarnec la croix de mon petit Paul, que j'avais fait porter chez lui pour être raccommodée. Prie maman de voir cela et de la faire rendre à Mme Lepoix. »

Après la lecture de cette lettre, M. Paillard de Villeneuve déclare n'avoir rien à ajouter à la défense de son client ; elle est à ses yeux la plus complète justification de Peyron et l'explication la plus claire des prétendues irrégularités de sa comptabilité.

Entrant ici dans des considérations d'un ordre élevé sur la fâcheuse situation de l'arrondissement électoral de Quimperlé, il le montre livré à l'intrigue, aux commérages, aux petites haines, aux basses manœuvres. Il rappelle que la loi, en garantissant le secret des votes, a voulu précisément empêcher ces déplorables luttes des vaincus contre les vainqueurs ; il supplie le jury de finir cet interminable conflit; et de fermer enfin l'urne électorale de Quimperlé que, contre le vœu de nos institutions, ces regrettables débats tiennent toujours ouverte!

Cette éloquente péroraison, prononcée avec un accent de profonde conviction, et avec une chaleur qui puise ses inspirations dans l'honnêteté de la conscience et la droiture des sentiments, produit une vive impression sur l'auditoire.

M. Freslon, défenseur de Jossin et de Carré, s'exprime ainsi :

Messieurs les jurés,

Depuis bientôt huit jours, nous cherchons en commun la vérité judiciaire sur ce grand procès. Vous devez vous féliciter d'avoir été éclairés par les deux hommes éminents que vous avez entendus au banc de la défense. Inutile de vous rappeler la facilité avec laquelle M. Berryer a prouvé que la corruption n'était pas nécessaire pour assurer l'élection de M. Drouillard. Les chiffres parlent assez haut ; il vous a dit comment M. Drouillard avait obtenu 82 voix; comment M. Guilhem avait eu 75 suffrages. Inutile de discuter, après l'honorable défenseur, les faits généraux, ceux qu'on avait groupés autour de la prévention comme nécessaires. Si hier soir vous vous étiez retirés dans la chambre de vos délibérations sous le coup de ces éloquentes paroles, nous eussions renoncé à notre tâche, nous vous aurions laissé rendre votre verdict sous l'impression des accents que vous avez entendus. Il me semble en effet que c'est une sorte d'injure pour ce talent immense que de le féliciter de son éloquence. Si c'était une arme bonne tout au plus pour faire pénétrer le sophisme dans les esprits, nous comprendrions de vains compliments; mais cette arme n'est que l'instrument de la vérité, lorsqu'elle fait jaillir des éclairs qui pulvérisent le mensonge et la calomnie.

Dans ce cas, ce n'est plus l'éloquence des temps dégénérés de la Grèce et de Rome; c'est l'éloquence d'un homme de bien.

Le défenseur de Peyron n'a-t-il pas démontré aussi que son client n'a pu se faire l'instrument d'une pensée coupable. Après vous avoir lu cette lettre que tout le monde a entendue avec attendrissement, ne vous a-t-il pas démontré que Peyron a tenu une comptabilité sérieuse et non pas des livres destinés à masquer la corruption.

A quel point sommes-nous arrivés ? A rechercher si les auteurs de la corruption n'existant pas, ils ont cependant pu se créer des complices !

J'ai à interroger l'accusation au point de vue des faits en ce qui concerne Jossin et Carré. D'abord je ferai remarquer les incertitudes qui surgissent quand il s'agit non plus des généralités de la prévention, mais de préciser le délit. Jossin et Carré sont-ils les auteurs des achats de suffrages, ou sont-ils les complices de ce délit ? Vous êtes obligés de sortir des nuages, d'arriver à la qualification légale, et le titre même de cette accusation vous échappe, puisque vous n'avez pas pu désigner dans votre citation si mes deux clients étaient auteurs ou complices du délit que vous leur reprochez.

Ah ! lorsque le ministère public est armé, je ne veux pas dire d'une conviction personnelle, il en a toujours, mais d'une vérité manifeste et éclatante, il sait bien si l'accusé est auteur, s'il est complice...

Mes clients sont-ils complices ? Mais ce n'est pas possible à la manière dont vous vous êtes expliqué vis-à-vis d'eux.

Ils avaient, dites-vous, pris part à une convention ayant pour but l'achat de votes. Si la convention était certaine, il n'y aurait pas d'embarras, pas d'incertitude : ils seraient auteurs et non pas complices. Pourquoi donc posez-vous la seconde question ?

Je vous soumets ces réflexions et je vous demande si le ministère public, dont l'indignation a éclaté hier pendant cinq heures, est armé d'aussi bonnes raisons que de pensées généreuses et morales.

Ici le défenseur examine l'accusation au point de vue du ministère public, et développe la thèse qui a été produite par M. Berryer, que le délit n'existe que quand le contrat est consommé. Il cite les analogies de notre droit criminel, et rappelle entre autres l'adultère, qui, pour devenir un délit punissable, doit être nécessairement consommé, puisque la loi ne punit pas la tentative d'adultère.

M. Freslon cite encore l'exemple du complot pour lequel des principes plus libéraux ont été introduits dans nos lois, puis il ajoute :

En définitive, la révolution de Juillet a été bonne à quelque chose. Elle a fait justice de cette déplorable théorie du complot, qui a fait tomber sous la Restauration les plus nobles têtes, et le ministère public veut faire revivre ce principe que j'abhorre.

Les jurés entreront dans la voie qu'indiquent le législateur, le philosophe, le bon citoyen. C'est au nom de la paix publique, c'est au nom de la justice que je les en adjure. Si vous ouvrez à l'incrimination la porte qu'on vous demande d'ouvrir, au milieu des passions de la politique, il n'y a plus de sécurité pour personne. Avec le moindre propos tenu au foyer, à table, dans l'intimité, au moyen de trois hommes, dont l'un sera un délateur, vous pourrez dire à chaque candidat, à chaque électeur : Vous avez fait une captation, vous avez fait une promesse!

Et vous dites que vous défendez la liberté et l'ordre dans les élections ! je dis, moi, que vous y portez la guerre, que vous venez semer la division dans le camp de l'électorat.

Si je ne me trompe, ce dont vous faites le cadre de l'élection de Quimperlé pourrait servir à caractériser d'autres élections Tant que vous aurez des colléges composés de 150 électeurs, vous verrez l'amour du gain, la soif de l'or, la convoitise de l'ambition, les sollicitations de l'orgueil envahir et corrompre les ames. Au lieu d'avoir des hommes politiques qui ont des haines sans doute, mais des haines généreuses, vous n'aurez plus qu'un troupeau de marchands, qu'une tourbe de vendus, vous n'aurez plus que des élections à l'enchère.

Oh! je ne calomnie pas mon pays, je sais ce qu'il reste de grandeur et d'énergie encore sous cette apparente dégénérescence qui étiole le caractère national; c'est le vice d'une loi qui porte des fruits détestables que je signale. Il faut y remédier, et le résultat de ce procès, quel qu'il soit, sera peut être d'indiquer au gouvernement qu'il est temps pour lui-même, pour sa sécurité, pour l'honneur de nos institutions, d'apporter de sages réformes à notre constitution électorale.

Quels sont les faits imputés à Jossin et à Carré, je ne veux pas me traîner dans les détails du procès; ju ne reviendrai pas sur les scènes du Pavillon; je ne demanderai pas si on a dîné, bu du champagne? Je ne rechercherai même pas si c'est à Quimperlé seulement que ce vin généreux soit venu exciter et animer le cerveau des électeurs (sourires) et je n'examinerai pas si c'est dans le Finistère seulement que le nom et le prix du champagne ont été mêlés aux élections (nouveaux sourires).

J'ai hâte d'arriver à l'accusation elle-même.

Il semblerait résulter de la prévention que ce sont Jossin et Carré qui auraient fait l'élection et amené sous la bannière de M. Drouillard les 82 voix qu'il a obtenues. Qu'y a-t-il de sérieux dans tout cela?

Le défenseur discute ici les faits particuliers rélatifs à Jossin et à Carré; il termine ansi :

En droit, en morale, en raison, en équité, il ne peut pas y avoir de condamnation. Messieurs les jurés, si vous pouviez, par votre verdict, moraliser les élections de notre pays, si, à l'instant même où vous l'aurez rendu, l'urne électorale se purifiait au point que tous les suffrages devinsent l'expression du patriotisme et de l'intérêt public, je me placerais au banc des accusés et je vous dirais : Je suis innocent des faits de Quimperlé; mais, devant un si grand résultat, un innocent peut, sans se plaindre, accepter une condamnation.

Serait-ce là la portée d'un verdict affirmatif? Je n'ose le croire. Si vous condamniez, qu'arriverait-il! Votre arrêt consacrerait une choquante inégalité; tandis que vous condamneriez ici, d'autres pourraient impunément corrompre ailleurs et employer à cette œuvre de démoralisation les ressources du trésor, les faveurs du budget! vous ne le voudrez pas (vif mouvement d'approbation).

M. Prou, défenseur de Dagorn, Audren et Mathias :

Messieurs les jurés,

Il est des hommes qui ont été doués d'une bien heureuse simplicité ; on lit leur honnêteté sur leur visage, leur ame se montre tout entière dans leurs paroles; quand on les voit on les estime, il suffit de les entendre pour les aimer; et s'il arrive un jour qu'ils soient appelés loin de leur pays à comparaître devant des juges étrangers, quelle que soit la nature de l'accusation à laquelle ils ont à répondre, l'intérêt, les sympathies qu'ils inspirent, plaident leur cause au fond des cœurs, et l'accusation elle-même, habituée à flétrir tout ce qu'elle touche, hésite, s'excuse et se trouble, sous le prestige de leur franchise et de leur loyauté.

M. Prou dit que telle est la situation des trois paysans bretons dont la défense lui est confiée ; il rappelle les témoignages d'estime et d'affection que, de tous les points de l'assemblée, les gens de toutes les opinions ont laissé éclater pour ses clients ; et cependant ils n'ont rien de ce qui d'ordinaire concilie la bienveillance publique : leur condition est modeste, ils n'ont aucun des avantages sociaux qui suppléent au mérite personnel ; ils viennent d'un pays éloigné contre lequel des gens, même éclairés, conservent encore des préjugés. En venant au milieu de nous avec leur longue chevelure tombant sur les épaules et leurs costumes d'un autre âge, ils pouvaient craindre qu'on hésitât à reconnaître en eux des compatriotes; car l'habit est pour quelque chose dans les impressions humaines, et celui dont ils sont revêtus a le malheur d'avoir été proscrit depuis tantôt un siècle par le monde qui passe si vite et qui ne respecte rien.

Cependant, s'écrie M. Prou, ces grands cheveux, cet habit antique que portent mes clients se rattachent à de glorieux souvenirs nationaux ; c'est celui que portaient leurs aïeux dans ces combats où, sous les Jean-Bart, les Duguay-Trouin, les Ducouédic, ils battaient les Anglais, car, dans ce temps-là, messieurs, nous battions les Anglais. (Sensation.)

M. Prou discute ensuite la cause de chacun de ses clients. Le premier de ces hommes, c'est Dagorn, Dagorn qui a produit ici une impression qu'envieraient les plus grands orateurs; mais qui n'a été si grand que parce que les paroles de cet homme venaient du cœur.

Vous avez entendu le commencement d'une lettre que vous a lue M. le marquis de Langle ; cette lettre dans laquelle le pauvre paysan disait au marquis : Nous avons mangé chez vous au retour d'une noce, où vous nous auriez fait l'honneur de venir, nous n'avons pas été corrompus, nous avons dîné chez un ami.

Le défenseur s'attache à expliquer dans quelle position Dagorn a emprunté les 1,800 fr, à Peyron ; l'emprunt est du 27 juin 1846 : le 28 juin, on voit Dagorn payer à son fils, qu'il avait marié, les arrérages de sa dot. Quand on a huit enfants, et qu'on les a tous mariés, il n'est pas étonnant, fût-on même un cultivateur aisé, qu'on ait besoin de quelques fonds. Dagorn est d'ailleurs un des premiers cultivateurs de son arrondissement ; il se livre à des expériences parfois coûteuses, et ce n'est pas sans faire souvent des sacrifices qu'il a conquis une médaille d'or qui décore sa large poitrine, et au revers de laquelle on lit : A François Dagorn, pour amélioration de l'agriculture dans l'arrondissement de Quimperlé.

Après avoir disculpé Audren et Mathias, sur lesquels sa plaidoierie appelle un intérêt unanime, le défenseur s'afflige de la facilité avec laquelle on a accusé de corruption un arrondissement tout entier ; il a fallu, s'écrie-t-il, au ministère public, pour marcher si résolument dans cette voie, un courage que je ne trouverais jamais au fond de mon cœur.

Pour moi, je le déclare, si j'avais commis cette témérité, si j'avais eu ce malheur de porter une telle accusation publiquement, devant le jury, dans une enceinte dont les échos retentissent au loin, contre un pays tout entier, fût-ce l'arrondissement de Quimperlé, je me regarderais comme à jamais interdit d'y conduire mes pas ; j'aurais peur, oui j'aurais peur que cette terre des Bretons ne refusât de porter son accusateur, et ne s'entr'ouvrît sous mes pieds, pour venger ses enfants.

Me Prou résume alors les considérations tirées du passé de ses clients, de leur caractère honorable, de l'estime universelle dont ils jouissent, et qui doivent les protéger même contre le soupçon, et s'écrie en terminant :

L'un d'eux, Messieurs les jurés, a laissé, pour venir à votre barre, sa femme, ses huit enfants, ses petits enfants, toute une famille, toute une tribu sortie de lui, pressée autour de lui comme autour d'un patriarche. Il leur a dit adieu, le front calme, armé du témoignage de sa conscience, et sans autre chagrin que de les quitter un instant, eux, et son ciel de Bretagne et le coin de terre où il passe sa vie.

Mais le cœur des femmes est craintif ; la sienne ne put le voir partir sans penser avec inquiétude à ce tribunal inconnu, à cette injuste accusation, à ces juges étrangers, devant lesquels il allait comparaître si loin d'elle, si loin des lieux où l'on connait, où l'on respecte son âme noble et bonne, son loyal caractère ; cette crainte de l'épouse, de la mère, qu'elle s'efforçait en vain de cacher, monta du fond du cœur jusqu'au bord de ses yeux, d'où s'échappa une larme ! De longs jours ont passé depuis, et cette larme peut-être n'est pas séchée encore ! Ah ! pourquoi, ma voix ne peut-elle, comme ma pensée, franchir tout l'espace, arriver jusqu'à ce foyer breton, où une pauvre femme veille, dans l'attente, dans l'angoisse !

Alors je dirais à cette femme, je pourrais lui dire, n'est-ce pas, Messieurs : « Essuyez ces pleurs, et bannissez toute » crainte, il n'y a point ici de juges étrangers, il n'y a que » des juges du pays, des hommes consciencieux, éclairés, » qui ont compris, qui ont apprécié l'homme de bien que » vous aimez, et qui l'ont acquitté ! »

Après cette plaidoirie qui a constamment captivé l'attention de l'auditoire, l'audience, suspendue pendant quelques instants, est reprise.

M. Segris, chargé d'office de la défense de Leflecher fils, en quelques paroles convenables et bien senties, démontre que les charges qui pesaient sur son client sont évanouies, et pour faire apprécier quel est Leflecher père, rappelle qu'il a été pendant de longues années maire de la commune et qu'appelé à siéger dans le conseil d'arrondissement de Quimperlé, il a eu à plusieurs reprises l'honneur d'être choisi pour être secrétaire de ce conseil (nombreuses marques d'étonnement.

M. Faugeyroux, défenseur de Leflecher fils, après avoir démontré en peu de mots que sa tâche est devenue facile puisque tout le monde a présenté la défense de son client, exprime la conviction que le jury déclarera Leflecher fils innocent de l'imputation que l'accusation a fait peser sur lui.

A trois heures l'audience est suspendue pour être reprise à cinq heures.

Audience du soir.

Malgré les invitations pressantes de M. le président et malgré ses solennels avertissements que l'audience commencerait à cinq heures précises, il est six heures moins un quart quand la cour entre en séance.

M. Belloc prend la parole en ces termes :

Nous devons exprimer le regret d'avoir à faire entendre notre voix pendant encore assez longtemps. A la défense, il a été permis d'omettre beaucoup de choses, car il lui suffit de faire naître le doute. Telle n'est pas notre position, il nous faut à nous affermir vos convictions, et si pénible que soit notre tâche, nous nous efforcerons, cependant, de ne pas abuser de vos instants et de ne point prolonger encore ces débats si fatigants pour vos forces et votre attention.

Je ne vous dirai plus rien des faits généraux, des faits particuliers, nous serons malheureusement obligés de vous en entretenir encore. Puis, nous vous présenterons quelques considérations sur la question légale.

On vous a lu un extrait d'une lettre adressée aux électeurs de Quimperlé, par M. Brunel, éligible et président du tribunal de Brest, nous oublierons qu'il est magistrat, pour ne voir en lui que l'éligible, afin de conserver la liberté de nos appréciations.

La défense s'est fait une arme de cette lettre ; mais c'est une arme à deux tranchants qui peut blesser plus cruellement encore M. Drouillard que M. Guilhem.

M. l'avocat-général lit un long extrait de cette lettre, dont l'auteur dit que M. Drouillard a fait sa fortune par l'argent, qu'il a acheté les suffrages des électeurs de Quimperlé, qu'il n'est capable que de corrompre les électeurs, qu'il est un traitant.

A la fin de cette circulaire, dit M. l'avocat-général, je lis, il est vrai, un alinéa dans lequel M. Brunel proclame qu'il est le seul candidat éclairé et intègre, le seul candidat capable de représenter dignement le collége électoral de Quimperlé. La morale de tout ceci, c'est que M. Brunel veut être député. Quant à moi, si j'avais l'honneur d'être électeur à Quimperlé, je ne donnerais pas ma voix à cet éligible.

M. l'avocat-général entre dans l'examen des faits de la cause, il revient sur les livres de Peyron en reproduisant l'argumentation qu'il a fait entendre à ce sujet. La lettre de Mme Peyron ne détruit pas les charges de l'accusation. Mme Peyron est sans doute une personne très respectable, une honnête mère de famille, mais elle était en présence de son mari. Elle a voulu le servir. La lettre n'est qu'une fraude pieuse.

Quant aux autres prévenus, le ministère public persiste dans la prévention à leur égard ; il ne l'abandonne que pour Leflecher fils. Relativement à ce dernier prévenu si le fait matériel est constant, l'intention criminelle ne paraît pas suffisamment établie à M. l'avocat-général.

Mais tous les autres sont coupables.

Sans doute, Dagorn a un passé honorable, c'est un homme imposant, considérable dans son pays. Il a été pendant longtemps membre du conseil d'arrondissement, président de ce conseil. Il a rendu de grands services à l'agriculture, mais ce n'est plus *Dagorn l'ancien*... c'est Dagorn dégénéré.

Mathias, Audren, Leflecher père, ont aussi vendu leur suffrage.

Ici M. l'avocat-général discute de nouveau la thèse de droit et soutient que la simple promesse à prix d'argent, constitue le délit et tombe sous l'application de l'art. 113.

Mais vous pourriez encore dit le ministère public acquitter les quatre prévenus de cette catégorie, que vous n'en devriez pas moins condamner les autres, car ceux-là ce sont les vrais coupables.

M. Drouillard a eu la honte et le tort irréparable de pervertir un arrondissement qui, jusque-là avait été honnête, on vous a parlé éloquemment de cette terre de Bretagne, où la foi, les sentiments d'honneur et de loyauté sont héréditaires. On a fait tressaillir vos cœurs en vous citant le nom de Jean-Bart, de Duquesne, de Duguay Trouin, qui conduisaient à l'abordage les navires bretons. On aurait pu rappeler avec non moins d'orgueil ceux de Duguesclin et de Clisson, car alors nous battions les Anglais non pas seulement sur mer, mais sur terre... Oui ! c'est une noble terre que cette terre de Bretagne... Une condamnation, vous disait-on, y produirait une douloureuse sensation. Le magistrat qui l'aurait obtenue n'oserait y mettre les pieds... Non ! Je ne craindrais pas même après une condamnation d'aller au milieu de cette population. J'irais confiant et ferme, sûr de serrer la main des honnêtes gens qui me remercieraient d'avoir défendu la cause de l'honneur et de la probité. (Mouvement).

Après avoir insisté sur les faits particuliers de la prévention, M. Belloc termine ainsi :

On vous a dit : acquittez M. Drouillard... Ne vous occupez du procès qu'au point de vue de la loi ; ne vous en occupez pas au point de vue de la corruption et de l'immoralité; cela regarde la chambre; la chambre annulera l'élection de M. Drouillard.

Ne vous laissez pas arrêter par cette considération, s'il était acquitté, M. Drouillard donnerait sans doute sa démission et échapperait ainsi à la décision de la chambre. Et puis la chambre n'est pas infaillible... Elle pourrait valider l'élection de M. Drouillard. Il y a d'ailleurs un pouvoir au-dessus de celui de la chambre... Ce pouvoir, Messieurs, c'est (malheureusement peut-être) le corps électoral... Vous seuls avez une puissance que personne ne peut braver... Condamnez M. Drouillard et il ne pourra être renvoyé à la chambre (mouvements divers). C'est au nom des intérêts les plus chers de notre chère patrie que je vous en conjure... Rappelez vous votre serment !

M. Berryer se lève pour répliquer et dit, avec une extrême vivacité :

Assurément je répondrai aux considérations inouïes, inconcevables, telles que je n'en ai jamais entendues devant une cour de justice, par lesquelles M. l'avocat-général a terminé son réquisitoire.

Mais un mot auparavant sur les faits du procès.

J'espère qu'il ne sera pas question de talent, d'éloquence : armes détestables, dangereuses, quand on les met au service de corrupteurs, de misérables, d'hommes bons à jeter dans la boue; efforts qui élèvent l'ame, échauffent le cœur, se communiquent à tous quand on parle au nom de la justice et de la vérité. (Sensation prolongée).

Le ministère public vous disait tout à l'heure qu'il suffisait à la défense de faire naître le doute ; mais ni moi ni les défenseurs que vous avez entendus tout à l'heure, n'avons cherché à faire naitre seulement le doute dans vos esprits. Nous n'avons pas plaidé le doute, nous avons plaidé l'impossibilité de prononcer une condamnation.

Le défenseur se livre de nouveau à une discussion brillante et approfondie des faits particuliers.

Quant à M. Peyron, M. Berryer présente deux observations principales : 1° Personne n'a articulé dans ces débats une charge directe contre M. Peyron, personne n'a dit qu'il ait fait une proposition, une offre, une promesse, si l'examen de ses livres prouve que la banque était formée, cet examen se fortifie par la lecture de la lettre de Mme Peyron, de cette lettre si touchante, d'une digne, d'une vertueuse mère de famille. On vous a dit que c'était là une fraude pieuse.— C'est impossible ! vous vous rappelez dans quelles circonstances cette lettre a été écrite. On avait envoyé un exprès à Mme Peyron qui était à six lieues de distance, appelée au milieu de ses enfants, et qui a eu le temps nécessaire pour écrire cette lettre. Il n'y a donc là aucun calcul, c'est l'effusion du cœur. Les paroles de l'avocat-général : Une fraude pieuse ! sont un reste de respect pour une femme respectable, mais sont une injuste et cruelle appréciation de la lettre qu'on vous a lue. (Profonde sensation).

Quant à Dagorn, on vous a dit ce n'est plus Dagorn l'ancien... c'est Dagorn le dégénéré... On l'a accusé malgré son âge, malgré sa loyauté, malgré ses services, malgré tout ce que j'ai été heureux d'entendre et de dire moi-même cette audience sur cet homme, malgré sa vie passée...(Mouvement.) Malheureusement, il y a dans la vie passée de Dagorn une circonstance bien funeste... (Marques d'attention et de curiosité.)

Dagorn a eu le malheur d'être, aux élections du conseil d'arrondissement, le concurrent de M. Barbier, le président du tribunal de Quimperlé, du tribunal auquel a été commencée cette instruction. Il a eu le malheur de l'emporter sur M. Barbier, sur ce juge, sur ce président, qui a reçu procuration d'un électeur pour faire une acquisition à M. Guilhem, qui a fait cette acquisition au mois de mai 1845 et dont les actes ont été, par arrêt de la cour royale de Rennes, du 11 de ce mois, déclarés suspects de fraude et de simulation. Voilà ce que je ne voulais pas dire, et que je ne dis que parce qu'on m'y force. (Vive sensation.)

M. Berryer discute de nouveau les faits de la prévention et soutient avec force qu'en droit, le fait consommé est seul punissable. Il faut que le vote ait eu lieu. Si vous voulez juger les intentions, s'écrie-t-il, qu'arriverait il ? Les juges, désormais pénétreraient dans le for intérieur, dans la conscience, de leurs semblables.... Ils usurperaient les pouvoirs de notre Dieu... C'est contraire aux lois humaines et divines... c'est un blasphême... (Murmures.)

En résumé, on vous a dit que M. Drouillard avait corrompu... que l'or avait débordé.... Eh bien ! en un an, 6,000 francs ont été dépensés pour les besoins de la maison du Pavillon... Voilà ce qu'on appelle la corruption débordant de toutes parts.

Restent les prêts à intérêt, il y en a pour 25,000 francs, faits à des gens qui ne sont pas électeurs.

M. L'AV.-GÉN. : Et des noms surchargés.

M. BERRYER : Des noms surchargés, comme le nom de *Sablé*... sur son hypothèque.

Maintenant, il y a eu des prêts faits à des gens qui étaient les électeurs connus de M. Guilhem ; à M. Chenel, client de Beaugendre, on a prêté 4,000 fr. à 4 p. 0/0 ; M. Eon a eu 3,000 fr.

Il y a eu 14,000 fr. prêtés de la sorte à des gens votant notoirement pour M. Guilhem.

Il est évident qu'il a été prêté environ 100,000 fr., que le quart a été prêté à des hommes qui ne sont pas électeurs, et 14,000 fr. aux électeurs de M. Guilhem.

Quels autres dons a faits M. Drouillard ? il a donné une croix d'argent à une paroisse!

Il a donné 700 fr. à des pauvres. C'est beaucoup, dites-vous, mais rappelez-vous tout ce qui vous a été dit sur les bonnes œuvres, sur les charités de M. Drouillard.

Messieurs les maires de Poulaouen et de plusieurs autres communes nous ont dit que M. Drouillard avait fait venir, il y a quinze ans, à une époque de disette, tout un chargement de blé de la Baltique pour les classes nécessiteuses. Ils ajoutent qu'un nouveau chargement de blé est attendu en ce moment à Poulaouen.

Et on vient faire considérer comme un acte de corruption 700 fr. offerts à un curé de village pour ses pauvres.

Messieurs, dans ces derniers temps, il a été parlé de grandes corruptions exercées au moyen des actions du chemin de fer. M. Drouillard est administrateur du chemin de fer de Tours à Nantes. Il est administrateur du chemin de fer de Bordeaux à Cette. S'il avait voulu corrompre, rien ne lui aurait été plus facile que de donner des actions au pair. Il ne lui en aurait rien coûté. A-t-il distribué une seule action dans l'arrondissement de Quimperlé? M. Drouillard est un corrupteur. Donnez donc des actions de chemins de fer, vous enrichirez tout le monde, et vous les enrichirez sans bourse délier.

Tout est chimérique dans ce procès, sinon les mauvaises passions qui ont propagé que ces hommes qui ont emprunté loyalement se soient nécessairement vendus.

Voilà les circonstances sur lesquelles vous condamneriez, vous viendriez dépouiller d'honnêtes villageois, de leur titre de citoyens des industreils laborieux, des hommes dont toute la vie a été une vie de travail et de dévoûment. Ce serait une absurde injustice.

Et cependant qu'a dit en terminant M. l'avocat général : Si M. Drouillard est acquitté, nous ne savons pas ce que fera la chambre. La chambre n'est pas infaillible. M. Drouillard peut donner sa démission; il peut être réélu par les électeurs de Quimperlé. Condamnez-le. Voilà donc le mot de ce procès (mouvement). Il s'agit de faire un acte politique. La loi ne vous permet pas de connaître la peine, et on sollicite de vous que vous prononciez une peine que ni vous ni la loi ne pouvez créer : un moyen subreptice de mettre en interdit un homme que l'on veut exclure de la chambre. On a prononcé ce mot: Il doit être condamné pour ne pas être réélu. On a trahi le fond du procès (nouveau mouvement), mais vous avez un devoir à remplir, vous le remplirez... je m'en rapporte à vous.

Cette magnifique improvisation, semée des traits les plus brillants, produit une vive impression sur l'auditoire.

L'audience est levée à huit heures et demie et renvoyée au lendemain pour entendre le résumé de M. le présidnt.

HUITIÈME AUDIENCE. — *Mercredi 17 Février.*

Il reste une grande quantité de siéges inoccupés dans les places réservées, mais la tribune destinée au public est toujours encombrée de spectateurs. Cependant la salle se garnit peu à peu et au moment où l'arrêt a été rendu l'affluence était aussi nombreuse qu'aux précédentes audiences.

A dix heures et demie l'audience est reprise.

M. le président, après avoir demandé aux prévenus s'ils ont quelque chose à ajouter à leur défense, déclare que les débats sont terminés et commence en ces termes son résumé :

Messieurs les jurés,

Les longs débats auxquels vous venez d'assister ont eu pour objet d'établir deux ordres de faits : d'abord des faits généraux relatifs à l'élection qui est déférée à votre justice ; puis des faits particuliers imputables à chacun des prévenus qui comparaissent devant vous.

Les faits généraux sont le trafic honteux des votes électoraux dont l'arrondissement électoral de Quimperlé aurait donné le scandaleux spectacle.

Ici M. le président entre dans l'examen des circonstances générales que la prévention a groupées autour de l'accusation.

Après cet exposé, M. le président indique les raisons alléguées par la défense pour combattre le système du ministère public.

Arrivant aux faits particuliers relatifs à chacun des prévenus, M. le président examine de même, au point de vue de l'accusation et de la défense, toutes les charges qui pèsent sur chacun d'eux.

Il termine en ces termes :

Voilà, messieurs quels sont en résumé les moyens de l'accusation et de la défense ; vous aurez à examiner de quel côté se trouve la vérité. Votre devoir est grand ; cette affaire n'occupe point seulement l'attention publique en notre ville ; elle fixe encore les regards de la France entière.

Ne l'oubliez pas, vous n'êtes pas ici des hommes politiques. Au seuil de cette enceinte, vous avez dû déposer les intérêts, les passions, les excitations de la politique, et vous devez examiner au point de vue de la justice tous les faits qui ressortent du procès. Là se borne votre tâche..

Nous ne vous dirons pas de condamner ni d'absoudre, nous vous dirons d'examiner si les charges sont établies, et ne vous préoccupez que de rechercher la vérité. Quand vous l'aurez trouvée, votre devoir sera de la proclamer sans hésitation et sans faiblesse. Votre décision, quelle qu'elle soit, sera accueillie par tous avec respect, car on sera également certain d'y voir une justice rendue à un honnête homme injustement calomnié, à un honnête homme accusé à tort, ou une légitime satisfaction accordée aux intérêts de la morale et de la société, indignement outragés par des faits de corruption honteux et coupables.

Ce résumé, très clair, très lucide, empreint d'une grande impartialité et d'un esprit de sage modération, excite dans tout l'auditoire un sentiment d'universelle approbation.

M. le président donne lecture des questions soumises au jury. Elles sont au nombre de 33.

Le jury se retire à onze heures et demie dans la salle de ses délibérations ; il en ressort à une heure moins un quart, et rend un verdict négatif, en vertu duquel les clients de M. Freslon, Jossin, Carré, et ceux de MM. Segris et Dufaugeyroux, Leflecher père et Leflecher fils, sont acquittés de l'accusation intentée contre eux.

Quant à ce qui concerne Dagorn, Michel Mathias et Audren, ils sont déclarés coupables de la vente de leurs suffrages, et Drouillard et Peyron sont déclarés coupables de s'être rendus complices de l'achat de ces mêmes suffrages.

La lecture de ce verdict produit une vive émotion. MM. Drouillard et Peyron ont quitté l'audience. Dagorn, Mathias et Audren sont présents. Dagorn, comme foudroyé, se courbe sur sa chaise et cache son visage dans ses mains. Audren garde son impassibilité habituelle. Pour la première fois depuis l'ouverture de ces longs débats, le sourire spirituel qui éclaire la belle figure de Mathias a disparu, son œil se voile et ses lèvres amaincies et contractées témoignent de l'énergie de ses sensations.

Le ministère public pose des conclusions tendant à ce que Drouillard et Peyron soient condamnés à dix ans d'interdiction des droits de citoyens et de toutes fonctions publiques, et chacun en 7,400 fr. d'amende, et Dagorn, Audren, Mathias Michel à cinq ans d'interdiction des mêmes droits, et Dagorn à 1,800 fr, Audren à 900 fr., Mathias Michel à 1,000 f. d'amende.

M. Prou se lève et pose par écrit des conclusions tendant à demander acte à la cour de plusieurs faits qui se seraient passés tant à l'audience qu'au dehors de l'audience. Ces faits sont les suivants :

1° Sur la réquisition du ministère public, la cour aurait rendu, en absence des prévenus et de leurs défenseurs, et sans les avoir appelés, un arrêt ordonnant l'adjonction de deux jurés supplémentaires et d'un troisième assesseur;

2° L'arrêt de renvoi, lu au commencement des débats, n'aurait pas été traduit par les interprètes ou l'un d'eux à ceux des prévenus et des témoins qui n'entendent pas le français ;

3° L'exposé que M. l'avocat-général a présenté immédiatement après la lecture de l'arrêt de renvoi n'aurait pas été traduit à ceux des prévenus et des témoins qui n'entendent pas le français ;

4° Pendant les dépositions des témoins, plusieurs des jurés auraient fait des manifestations d'opinions qui auraient été entendues des personnes placées auprès d'eux ;

5° Dans le cours de la confrontation de Jossin et de Carré, un juré aurait dit à haute voix et de manière à être entendu de la cour, que Peyron faisait des signes à ses coprévenus;

6° Pendant qu'un expert commis par la cour pour examiner les comptes de Peyron, rendait compte de sa mission, un juré aurait dit : « Si Peyron a reçu les intérêts d'un billet, il doit les avoir portés en comptes» ;

7° Le même juré aurait communiqué avec M. Castonnet, docteur-médecin, à Angers, juré recusé de la session, et lui aurait dit, dans un des couloirs de la salle : « M. Berryer a bien parlé pour M. Drouillard, mais fût-il mon propre fils, je le condamnerais. »

8° Pendant le cours des débats, les deux jurés supplémentaires n'auraient cessé de communiquer soit avec les autres jurés, soit avec les personnes qui les entouraient.

M. l'avocat-général déclare s'opposer à ce qu'on donne acte des faits accomplis hors de l'audience et s'en rapporter à la cour quant aux autres.

M. Freslon demande la parole sur l'application de la peine et s'exprime en ces termes :

Je dois faire observer à la cour que la réponse du jury me paraît être rédigée d'une façon contradictoire. On a bien constaté qu'il y avait des hommes coupables d'avoir vendu leurs suffrages ; on n'a pas reconnu qu'il y avait eu des acheteurs.

Ces deux assertions sont illogiques, mais elles sont désormais acquises à tous les accusés.

Dans les transactions civiles, qu'un acte soit rédigé par un officier public, que sur cet acte le nom du vendeur soit resté en blanc, en résulte-t-il que l'acte engage l'acheteur, pourrait on le soutenir ?

Eh bien ! par une assimilation que vous saisirez facilement, c'est le jury qui a, en quelque sorte, rédigé l'acte de vente, et il a omis d'y désigner le nom de l'acheteur. Je vois bien qu'il y a eu vente, je ne trouve pas l'acheteur. La déclaration reconnaît qu'il y a eu des complices de l'achat ; peut-il y avoir des complices quand l'auteur principal n'existe pas ? Dans un contrat civil, je serais caution d'une vente et si le nom du vendeur n'était pas stipulé dans l'acte, en résulterait-il que je fusse obligé de l'exécuter ? Ici, le jury prononçant souverainement, a semblé vouloir rendre la caution responsable de la vente, le complice responsable du délit, et il n'a ni désigné l'acheteur, ni indiqué le principal auteur. Ainsi, l'acte est nul et ne peut recevoir la sanction de la justice.

C'est peut-être un hasard providentiel qu'il en soit ainsi. Deux hommes ont pris part à l'élection de Quimperlé. L'un d'eux a comparu devant le jury. Depuis huit jours il expie la part qu'il a pu prendre à des actes répréhensibles. L'autre est loin d'ici, il est à l'abri des recherches, des investigations de la justice. Si la réponse du jury était annullée l'opinion, juge de M. Drouillard et juge aussi de son concurrent, porterait à son tour son verdict souverain, et peut-être que, devant cette juridiction sans appel, les actes de l'un ne seraient pas jugés moins sévèrement que les actes de l'autre. (Mouvement.)

La cour se retire pour en délibérer. De vifs colloques s'engagent dans toutes les parties de l'auditoire. Dagorn et Mathias sont le centre de groupes animés dans lesquels les dames figurent en majorité, et nous remarquons quelques-unes des plus jolies interlocutrices des deux bas-bretons, dont les beaux yeux sont mouillés de pleurs.

A deux heures et demie, la cour rentre en séance.

M. le président donne lecture d'un arrêt par lequel : Drouillard, Peyron, Mathias Michel, Dagorn et Audren sont condamnés à 5 ans d'interdiction des droits de citoyens et de toutes fonctions publiques ; sont condamnés en outre, Drouillard et Peyron, chacun à 3,700 fr. d'amende, Mathias Michel à 1,000 fr. d'amende, Dagorn à 1,800 fr. d'amende, Audren à 900 fr. Les frais sont répartis comme suit : Deux trentièmes seront payés par Peyron, un trentième par chacun des trois autres condamnés et le reste, soit 25 trentièmes, par M. rouillard.

M. le président lève l'audience et déclare que la première session de 1847 est terminée. La salle se vide lentement au milieu d'une vive agitation.

www.ingramcontent.com/pod-product-compliance
Ingram Content Group UK Ltd.
Pitfield, Milton Keynes, MK11 3LW, UK
UKHW012221240726
13966UKWH00003B/880